KATALONIEN
AUF EINEN BLICK

Col·lecció GUIES
4

KATALONIEN AUF EINEN BLICK

VON

JOSEP-MARIA PUIGJANER

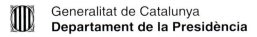

Generalitat de Catalunya
Departament de la Presidència

Biblioteca de Catalunya. Dades CIP:

Puigjaner, Josep Maria
Katalonien auf einen Blick
ISBN 84-393-4003-6
I. Catalunya. Departament de la Presidència   II. Titol
III. Col·lecció   I. Cultura Catalana   2. Catalunya -- Història
3. Catalunya -- Condicions econòmiques
946.71
008(467.1)

© Generalitat de Catalunya
Departament de la Presidència
Entitat Autònoma del Diari Oficial i de Publicacions

1. Auflage: Juli 1996
Erste Nachauflage: Februar 1997
Auflage: 500 Exemplare
ISBN: 84-393-4003-6
Pflichtabgabe: B-4678-1997
Originaltitel: *Tot sobre Catalunya*
Übersetzung: Volker Glab
Entwurf und Herstellung:
Entitat Autònoma del Diari Oficial i de Publicacions
Druck und Einband: T. G. Soler

INHALTSVERZEICHNIS

5

ZUM GELEIT

Was Sie hier in Händen halten, ist ein Buch, in dem Sie grundlegende und damit nützliche und hilfreiche Informationen über ein Land finden werden, das auf eine lange Geschichte, nämlich ein über tausendjähriges Bestehen, zurückblickt. Allerdings enthält dieses Buch etwas, was für mich und die Bürger Kataloniens viel wertvoller, entscheidender, dauerhafter ist. Ich meine damit die Beschreibung des inneren Profils des Landes. Diese Seiten sind dazu gedacht und geschrieben, Ihnen näherzubringen, was und wie Katalonien ist, auf welchen historischen Pfaden es in die heutige Zeit gelangt ist, und welche Marksteine und Perspektiven seine Zukunft bereithält.

Katalonien gehört zu einem Staat, Spanien, der als ein System von Autonomien gegliedert ist. Aber es besitzt eine so gefestigte eigenständige Entität, daß ihr durchaus der Zusatz national zukommt. Mit einem Wort: Katalonien ist eine Nation. Eine Nation ohne eigenen Staat, aber eine durch eine eigene Sprache, eine einzigartige Kultur, ein eigenständiges Recht, jahrhundertealte Selbstregierungsinstitutionen und Geschichte definierte Nation, und vor allem eine Nation, die durch das kollektive Bewußtsein und durch den Willen ihrer Bürger getragen wird.

Ein weiterer Aspekt, den dieses Buch sichtbar macht, ist der europäische Charakter unseres Landes. Die Geschichte hält genügend Beispiele für diese europäische Berufung Kataloniens bereit. Und nun, da sich das Europa der Gemeinschaft in einem Prozeß fortschreitender Verständigung und Zusammenwachsens zwischen den Völkern, die es bilden, befindet, muß unser Land auf der Höhe der Anforderungen sein, die ihm gestellt werden. Die Einführung des europäischen Binnenmarktes Anfang 1993 stellte eine Herausforderung dar, die

9

sich in vielerlei Hinsicht auf das katalanische Leben auswirkt: in wirtschaftlicher, in sozialer, in beruflicher, in kultureller, im Hinblick auf das Kommunikationswesen und so fort. Die Regierung Kataloniens ist bereit, sich ihnen mit allen ihr zur Verfügung stehenden Mitteln zu stellen. Und sie ist sicher, daß die gesamte bürgerliche Gesellschaft Kataloniens, die ja seit jeher den Bestand des Landes gewährleistet hat, ebenfalls die Verantwortung zu übernehmen weiß, die ihr zufällt.

Abschließend bringe ich meine Hoffnung zum Ausdruck, daß Sie nicht nur durch die Lektüre dieses Buches, sondern auch durch Ihre eigenen Erfahrungen mit mir darin übereinstimmen werden, daß Katalonien ein offenes Land ist. Und dies ist es sowohl aufgrund seiner Aufnahmefähigkeit für Werte, die von außen kommen, als auch durch seinen Wunsch und Willen, den anderen Völkern das Allerbeste seiner schöpferischen Leistungen in geistiger und materieller Hinsicht zu bieten.

Jordi Pujol
Präsident der Generalitat de Catalunya

DIE NATIONALEN SYMBOLE KATALONIENS UND DIE SPRACHE

◆ ◆

Katalonien hat, wie alle Nationen, eigene Symbole, in denen seine Eigenständigkeit zum Ausdruck gebracht wird: das Wappen, die Fahne, das Siegel seines höchsten Selbstverwaltungsorgans, der Generalitat, sowie seine Nationalhymne.

Das Wappen Kataloniens

Das Wappen Kataloniens ist das der souveränen Königsgrafen von Barcelona: vier rote Balken auf goldenem Grund. Es ist eines der vier ältesten Wappen Europas, denn die erste Urkunde, in der es erscheint, ist ein Siegel des Grafen Ramon Berenguer IV. aus dem Jahr 1150. Allerdings finden wir, als präheraldisches Zeichen, die vier roten Balken auf goldenem Grund bereits auf den romanischen Grabmal des 1082 verstorbenen Barceloniner Grafen Ramon Berenguer II., der den Beinamen el *Cap d'Estopes (Blondschopf)* trug, und seiner 1058 verstorbenen Urgroßmutter Ermessenda de Carcassona, die mit dem Grafen Ramon Borrell I. verheiratet war. Beide Grabmale befinden sich in der Kathedrale von Girona.

Den Grafen von Barcelona, die souveräne Herrscher über das gesamte Staatsgebiet Kataloniens waren, fiel durch Heirat des bereits erwähnten Ramon Berenguer IV., der den Beinamen *el Sant (der Heilige)* trug, mit Königin Peronella von Aragonien auch das Königreich Aragonien und die Grafschaft Ribagorça zu. Von da an (1137) war bis 1714 das Wappen der Grafen von Barcelona, die nun auch den Königstitel trugen, das Wappen der sogenannten Krone von Aragonien (ursprünglich bestehend aus Katalonien, Aragonien, València und den Balearen), die auch weitere Länder des Mittelmeerraumes (Provence, Sizilien, Sardinien usw.) umfaßte, und heutzutage bildet es das dritte Viertel im Wappen des Königreichs Spanien.

Die katalanische Fahne

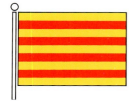

Die Fahne Kataloniens gehört zu den sogenannten heraldischen Fahnen, weil sie aus der Übertragung des Wappensiegels der Grafen von Barcelona auf ein Tuch hervorgegangen ist. Möglicherweise gab es Fahne, Banner oder Standarte der Grafen bereits vor dem Wappen. Vor dem 13. Jh. verfügen wir über keinen urkundlichen Beleg, aber sie ist eine der ältesten Europas. Anfangs wurden die vier Balken aus dem Wappen auf der Fahne mal senkrecht und mal waagerecht angeordnet. Diese letztgenannte Anordnung setzte sich dann durch, und so wurde daraus die offizielle Fahne der katalanischen Nation: abwechselnd fünf gelbe und vier rote Streifen gleicher Breite.

Das Siegel der Generalitat

Die Generalitat Kataloniens, eine politische Institution, die aus dem Parlament, der Regierung und dem Präsidenten besteht, hat ein eigenes Symbol, das als Siegel der Generalitat bezeichnet wird. Es wurde 1932 geschaffen und besteht aus einem Oval mit den vier roten Balken auf gelbem oder goldenem Grund und einer Umrahmung aus Lorbeerzweigen. Seine offizielle Einführung erfolgte durch ein Dekret vom 2. April 1981.

Armand de Fluvià

Die Nationalhymne

Els Segadors.

Solemne

1. Ca - ta - lu - nya, tri - om - fant, tor - na -
2. A - ra és ho - ra, se - ga - dors! A - ra és
3. Que tre - mo - li l'e - ne - mic en ve -

-rà a ser ri - ca i ple - na! En - da - re - ra a - ques - ta
ho ra d'està a - ler - ta! Per quan vin - gui un al - tre
-ient la nos - tra en - se - nya: com fem cau - re es - pi - gues

gent tan u - fa - na i tan su - per - ba!
juny es - mo - lem ben bé les ei - nes! Bon cop de
d'or, quan con - vé se - guem ca - de - nes!

falç! Bon cop de falç, de - fen - sors de la ter - ra! Bon cop de falç!

Katalonien wird als Sieger
wieder reich und kräftig sein!
Fort mit diesen stolzen Leuten
und mit ihrem Hochmut, fort!

Die Sense schwingt!
Die Sense schwingt, Verteidiger der Erde!
Die Sense schwingt!

Die Zeit ist da, ihr Schnitter!
Die Zeit ist da, bereit zu sein!
Denn wenn ein neuer Juni kommt,
sei unser Werkzeug scharf gewetzt!
(Refrain)

Zittern soll er, unser Feind,
wenn er uns're Fahne sieht;
und muß es sein, dann mähen wir
wie gold'ne Ähr'n die Ketten!
(Refrain)

Els Segadors (Die Schnitter) ist die Nationalhymne Kataloniens seit Ende des 19. Jhs. Den heutigen literarische Text verdanken wir Emili Guanyavents. Er stammt von 1899 und beruht auf Elementen aus der mündlichen Überlieferung, die zuvor bereits der Schriftsteller und Philologe Manuel Milà i Fontanals 1882 verwendet hatte. Die musikalische Fassung stammt von Francesc Alió, der sie 1892 komponierte und dazu die Melodie eines bereits vorliegenden Liedes adaptierte, das im Umfeld der historischen Ereignisse von 1639 und 1640, nämlich des Krieges der Katalanen gegen König Philipp IV., in dem die Bauern eine bedeutende Rolle spielten, entstanden war. Prägendes Element der Hymne ist ein leidenschaftlicher Aufruf zur Verteidigung der Freiheit des Landes. Mit dem am 25. Februar 1993 vom Parlament Kataloniens verabschiedeten Gesetz wurde *Els Segadors* zur Nationalhymne Kataloniens erklärt.

HIPSOMETRIA

- Més de 2 500 m
- De 2 000 a 2 500 m
- De 1 600 a 2 000 m
- De 1 200 a 1 600 m
- De 800 a 1 200 m
- De 500 a 800 m
- De 200 a 500 m
- De 100 a 200 m
- De 0 a 100 m

RETOLACIÓ

Cap comarcal	Cervera
Altres poblacions	Besalú
Massís, serra	*MONTSEC*
Pic, cim	Puigmal 2913
Coll, cap	*Cap de Creus*
Hidrografia	
Nom comarca	Montsià
Estat, comunitat autònoma	**FRANCE**

SIMBOLOGIA

- ——— Límit comarcal
- ═══ Autopista, autovia
- ——— Carretera principal
- ——— Altres carreteres
- – – – Túnel
- ——— Ferrocarril
- ✈ Aeroport
- ⚓ Port comercial
- ○ Cap comarcal, aglomeració urbana
- ▲ Pic, cim

Produït per: © **Institut Cartogràfic de Catalunya**. Maig 1995.

LAND UND LEUTE

Katalonien ist angesichts seiner Lage, seines Klimas, seiner Vegetation, seiner Geschichte und des Charakters seiner Leute ein mediterranes Land. Es hat eine Fläche von 32.078 km^2 und ist damit etwas größer als das Staatsgebiet Belgiens. Auf der Landseite ist seine Grenze 707 km lang, und seine Mittelmeerküste erstreckt sich über 580 km.

Das Erscheinungsbild dieses Mittelmeerlandes wird vor allem durch Gebirge geprägt. Katalonien wird von vier Gebirgsketten durchzogen: den Pyrenäen, mit Höhen zwischen 2500 m und 3143 m (Pica d'Estats), dem Sistema Transversal, dessen Höhen sich zwischen 1300 m und 1500 m bewegen, dem Sistema Pre-litoral, zu dem der Montserrat (1236 m) und der Montseny (1712 m) gehören, und einer Hügelkette längs der Küste, deren Kuppen rund 500 m über dem Meeresspiegel liegen.

Die Küsten des Landes sind von reicher Vielfalt. Nach Norden hin finden wir die Costa Brava, die schroffe Felsen, an denen sich die Wellen brechen, mit der Beschaulichkeit kleiner halbkreisförmiger Sandbuchten vereint. Südlich davon trägt die katalanische Küste den Namen «Costa del Maresme», mit zahlreichen weiten Stränden und Einrichtungen für den Fremdenverkehr. Barcelona, die Hauptstadt Kataloniens, die sich mit ihrem wunderbaren Hafen dem Meer und dem Handel öffnet, ist der neuralgische Punkt des Küstenverlaufs. Weiter nach Süden hin gestaltet sich das Bild der Küste abwechslungsreicher: Sand und Felswände wechseln sich zu gleichen Teilen ab. Dies ist die sogenannte «Costa Daurada», deren Hauptstadt Tarragona ist.

Beim katalanischen Wasserhaushalt müssen wir unterscheiden: Die Flüsse, die das Land von West nach Ost durchfließen und direkt ins Meer münden (Ter, Fluvià, Tordera, Besòs, Llobregat, Francolí), und die sich als Nebenflüsse des Ebre in westlicher Richtung schlängeln (Noguera Pallaresa, Segre, Noguera Ribagorçana, Valira usw.). Seen sind in der katalanischen Geographie eher selten. Dennoch verdienen die kleinen Gletscherseen Erwähnung, die in den Pyrenäen auf über 2000 m Höhe liegen, ebenso der Llac de Banyoles mit einer Oberfläche von über einhundert Hektar.

Die Niederschläge verteilen sich ungleichmäßig über Katalonien: Wir unterscheiden ein feuchtes Katalonien (Pyrenäen und Sistema Transversal) und ein trockenes Katalonien (Küstenstreifen und tiefer gelegene Landstriche im Inneren). Auch die Durchschnittstemperaturen haben eine beträchtliche Bandbreite: 3,4° C an bestimmten Orten der Pyrenäen auf über 2000 m und 16,6° C im Ebredelta, was bedeutet, daß die Temperaturen, außer in ganz besonderen Fällen, weder im Sommer noch im Winter extreme Werte erreichen.

Katalonien ist in *comarques* (Landkreise; das Wort stammt aus dem Germanischen, vgl. «Gemarkung») gegliedert. Die *comarca* ist eine nach geographischen, wirtschaftlichen und Warenverkehrsgesichtspunkten eingerichtete politische Verwaltungseinheit. Jede *comarca* ist eine Körperschaft für sich, mit ihrem eigenen inneren Zusammenhalt; an ihrer Spitze steht ein *Consell Comarcal (Kreisrat),* der sich aus Mitgliedern der Gemeinderäte des Kreisgebietes zusammensetzt. Heutzutage gibt es 41 *comarques.* So hat es das Parlament Kataloniens 1987 festgelegt. Daneben gibt es allerdings nach wie vor die *províncies,* wie sie 1833 in Spanien als Grundlage der nachgeordneten Verwaltung des Staates eingeführt wurden.

Kataloniens Bevölkerung beträgt etwas mehr als 6 Millionen Menschen, das sind 15,6 % der Gesamtbevölkerung Spaniens.

Karte Kataloniens, auf der die derzeitigen 41 comarques dargestellt sind.

Diese Bevölkerung konzentriert sich in Barcelona und den umliegenden *comarques,* wo die wichtigsten Industriezentren angesiedelt sind, und zwar zu 68 % der Gesamtbevölkerung. Zur Verdeutlichung des Bevölkerungswachstums sei festgestellt, daß 1900 Katalonien 1.980.000 Einwohner zählte.

Die bedeutendsten Wachstumsschübe hat die Bevölkerungszahl in unserem Jahrhundert erfahren. Dies liegt an mehreren Einwanderungswellen aus anderen Regionen Spaniens, insbesondere in den Jahrzehnten von 1920-30, 1940-60 und 1960-70. Die außerhalb Kataloniens geborenen Bewohner und ihre Kinder (von denen viele bereits geborene Katalanen sind) machen derzeit 40 % der Gesamtbevölkerung des Landes aus.

Dieses Zuzugsphänomen wirkt sich nach wie vor stark auf Politik, Erziehung, Sprache und Kultur aus. Ungeachtet gewisser sozialer Verschiebungen, die untrennbar mit diesem allgegenwärtigen Phänomen verbunden sind, haben diese neuen Bürger beträchtlich zum wirtschaftlichen Wohlstand Kataloniens beigetragen.

Bereits in diesem Anfangskapitel über das Land sei darauf hingewiesen, daß wir uns in diesem Buch darauf beschränken, über das eigentliche Katalonien zu sprechen, das zur Unterscheidung von den übrigen Ländern katalanischer Sprache und Kultur auch als *Principat* (Fürstentum) bezeichnet wird. Dennoch hat, wie wir gleich sehen werden, eine jahrhundertelange gemeinsame Geschichte feste sprachliche und kulturelle Bande zwischen dem Principat, dem País Valencià, den Balearen und dem französischen Roussillon (kat. Rosselló) gewoben, die bis in unsere Tage halten. Sprache und Kultur bilden auch ein Bindeglied zwischen diesen Ländern und dem jungen Staat Andorra. Es ist nicht von der Hand zu weisen, daß irgendwann in der Zukunft und nach einer für alle annehmbaren Formel wieder engere Bindungen zwischen diesen Ländern entstehen mögen, die einst, vor Jahrhunderten, die katalanisch-aragonesische Konföderation bildeten.

DIE GESCHICHTE

Von den Anfängen bis zum Mittelalter

Aus archäologischen Funden wissen wir, daß die Besiede-
lung katalanischen Bodens bis in die frühe Altsteinzeit
zurückreicht. Von den Siedlern der späteren Altsteinzeit
zeugen hervorragende künstlerische Hinterlassenschaften
an verschiedenen Orten (Cogul, Tivissa). Über ganz Katalonien verstreut finden sich Beispiele einer eigenständigen Kunst, Werke der Menschen der Jungsteinzeit, wie
die Megalith- oder Gruppengräber jener Zeit. Die Iberer,
ein Volk mit ausgeprägter kultureller Eigenständigkeit, das
bereits über ein eigenes, bis heute nicht entziffertes Al-
phabet verfügte und ebenfalls bemerkenswerte künstlerische Spuren hinterlassen hat, bevölkerten das Land im
8. Jh. v. Chr. vor der Ankunft der Griechen, der Phönizier
und der Etrusker.

*Prähistorische
Höhlenmalereien
in Ulldecona;
sie wurden 1975
unweit des Heiligtums
Santuari de la Pietat
in einer Kalksteinhöhle
entdeckt.*

   Um das Jahr 600 v. Chr. gründeten die Griechen an der
Küste des Alt Empordà Empúries, eine Stadt des Handels
und des Töpferhandwerks, die großen Einfluß auf die gesamte übrige Region hatte. Später dann, als die Karthager

*Mosaik, das zu
einem Haus
aus der römischen
Epoche der 600 v.C.
von den Griechen
gegründeten Stadt
Empúries gehört.*

gegen die Römer Krieg führten (Pu-
nische Kriege), setzte im Jahre 218 v.
Chr. die Romanisierung ein, und im
2. Jh. v. Chr. breiteten sich römische
Kunst und Kultur mit Macht über das
gesamte katalanische Land aus. Empúries, Girona, Barcelona und vor allem
Tarragona sind die Städte, welche die
meisten Zeugnisse dieses Volkes von
Juristen, Baumeistern und Feldherren
bewahren.

Römisches Amphitheater in Tarragona, erbaut im 3. Jh. v.C., zu einer großen Blütezeit der Stadt.

Schöpfungswandteppich «Tapís de la Creació» aus dem 12. Jh., der im Kapitelsaal der Kathedrale von Girona aufbewahrt wird.

Die zunehmende Schwächung des Römischen Reiches machte den Weg frei für die neuen Völker Europas, die sogenannten Barbaren, die daraufhin einen Expansionsprozeß in Gang setzten. Auf katalanischem Boden ließen sich die Westgoten nieder, die das römische Erbe aufgriffen und weiterentwickelten. Aber schon zu Beginn des 8. Jhs. geht das westgotische Reich wieder unter. Die Muselmanen überqueren die Meerenge von Gibraltar, überrollen die gesamte Iberische Halbinsel und gelangen bis nach Poitiers. Mit der Ankunft Karls des Großen beginnt ein neues Zeitalter: Die Araber werden aus den nördlichen Grafschaften des Landes (Urgell, Empordà, Cerdanya, Besalú) vertrieben und eine Pufferzone gegen die Araber errichtet, die sogenannte *Hispanische Mark*. Später versuchen die Mauren noch einmal, verlorenen Boden zurückzugewinnen, und zerstören im Jahre 985 Barcelona. Drei Jahre später, 988, beschließt der Graf von Barcelona, Borrell II., seine Lehenspflicht gegenüber dem fränkischen König Hugo Capet aufzukündigen. Seine Grafschaft beginnt autonom aufzutreten und verstärkt gleichzeitig die Bande der Solidarität, die sie mit den umliegenden Grafschaften verbinden. Daher konnte im Jahre 1988 der tausendste Jahrestag der politischen Geburt Kataloniens begangen werden.

Im 10. und 11. Jh. nimmt die Kirche eine außerordentlich wichtige Stellung ein, vor allem wegen ihrer Funktion als Hüterin und Verbreiterin der Kultur. Im Jahr 1032 erfolgt die Gründung des Klosters Ripoll, und im Laufe des Jahrhunderts werden auch die Klöster Montserrat, Sant Martí del Canigó, Sant Miquel de Cuixà, Sant Joan de les Abadesses und Sant Pere de Roda errichtet. Sie alle sind hervorragende Zeugnisse des Erbes an romanischen Baudenkmälern.

Im 12. Jh., genauer im Jahre 1137, wird die Katalanisch-Aragonesische Konföderation begründet, und zwar als Folge der Heirat des Grafen von Barcelona, Ramon Berenguer IV., mit Petronila von Aragonien. Innerhalb dieser Vereinigung bewahren beide Länder ihre juristisch-politische Eigenständigkeit. Wesentliches Bindeglied war das Herrscherpaar als Könige für Aragonien und Grafen von Barcelona für Katalonien.

Durch den Vertrag von Corbeil (1258) werden die Grenzen zu Frankreich geregelt. Katalonien behielt danach jenseits der Pyrenäen das Rosselló und die Cerdanya, die dann 1659 durch den Pyrenäenvertrag zwischen Spanien und Frankreich verloren gingen.

Romanische Eingangsfassade des Klosters von Ripoll mit Hochrelief-Figuren aus dem 12. Jh.

Großmacht im Mittelmeer

Unter König Jaume I. (1213-1276) entwickelt sich die Katalanisch-Aragonesische Konföderation zu einer fortwährend expandierenden Großmacht im Mittelmeer. Die Handelsbeziehungen, die katalanische Kaufleute vor allem mit den italienischen Seerepubliken, aber auch mit den afrikanischen Küstenländern und dem Orient aufgebaut haben, begründen in Barcelona und darüber hinaus in ganz Katalonien einigen Wohlstand. Diese Kaufleute stehen untereinander in enger Beziehung, und sie sorgen sogar für die Schaffung eines neuen Amtes, des Konsuls als Vertreter der gemeinsamen Interessen gegenüber den örtlichen Behörden in den jeweiligen ausländischen Hafenstädten im Rahmen eines Seehandelskonsulats.

Die Bedeutung dieser wirtschaftlichen Expansion brachte die Begründung eines bemerkenswerten Rechtssystems und die Verbesserung der Seefahrtstechniken mit sich. Im Laufe des 13. Jhs. entstehen eine Reihe von Vorschriften, die

Karte mit den der Katalanisch-Aragonesischen Konföderation zu Beginn des 14. Jhs. unterstehenden Ländern.
Landernamen:
Regne de Castella = *Königreich Kastilien*,
Regne de Navarra = *Königreich Navarra*,
Regne de França = *Königreich Frankreich*,
Venècia = *Venedig*,
Gènova = *Genua*,
Còrsega = *Korsika*,
Sardenya = *Sardinien*,
Sicília = *Sizilien*,
Palerm = *Palermo*,
Nàpols = *Neapel*,
Roma = *Rom*,
Athenes = *Athen*;
Corona de Catalunya-Aragó = *Krone von Katalonien-Aragonien*

zwei Jahrhunderte später im 1484 erschienenen *Llibre del Consolat de Mar* (Buch über das Seehandelskonsulat) zusammengefaßt werden. Darin erfahren wir vieles über die innere Organisation eines Schiffes, die Rechte und Pflichten des Kapitäns und der Besatzung, die Probleme, die durch die Ladung hervorgerufen werden können, über Havarien, Vereinigungen im Kreis der Reeder und über weitere Besonderheiten. Natürlich entwickelte sich die Kartographie besonders schnell, noch vor der Schule in Pisa. Der erste katalanische Atlas stammt von dem mallorquinischen Juden Cresques Abraham und ist 1375 datiert.

Die wirtschaftliche Expansion verlief parallel zu territorialen Herrschaftsbestrebungen. Die Katalanisch-Aragonesische Konföderation annektierte schon bald die Insel Mallorca (1229), València (1238) und später noch Sizilien (1282), Neapel (1284), Korsika und Sardinien (1295). In den ersten Jahren des 14. Jhs. drangen katalanische Streifzüge bis nach Griechenland vor. Die Herzogtümer Athen und Neopàtria wurden durch die «Katalanische Kompanie» der *almogàvers,* einer Eliteeinheit im Heer der Konföderation, bis 1387 in das Herrschaftsgebiet der katalanisch-aragonesischen Krone einverleibt.

Ein Reich von derartiger Ausdehnung verlangte unweigerlich nach einer geeigneten politischen Organisation. Man entschied sich für eine liberale, gemäßigte, nicht zentralistische Formel: Jedes annektierte Land behielt seine Autonomie und seine eigenen Institutionen und überließ dem Monarchen der Katalanisch-Aragonesischen Krone die Souveränität in Fragen des Friedens und der Ordnung, sowie in Angelegenheiten von allgemeinem Interesse.

Bereits seit dem 13. Jh., genauer seit Jaume I., wurden die Versammlungen institutionalisiert, bei denen der Monarch seine Untertanen um Rat und Beistand bat. Sie erhielten die Bezeichnung *Corts,* und in ihnen waren die drei Stände oder *braços* vertreten: Adel, Klerus und Stadtbürgertum bzw. Volk. Unter Pere III., der den Beinamen *el Cerimoniós (der Zeremoniöse)* trug, wurde im letzten Drittel des 14. Jhs. als ständige Institution die *Diputació del General (Allgemeine Abordnung)* oder *Generalitat* begründet, die als Vertretung der *Corts* fungierte. Später erhielt sie unter König Ferran I., und zwar von 1413 an, die politische, finanzielle und juristische Exekutivge-

walt und stand nicht mehr in Verbindung zu den *Corts*. Das politische Oraganisationsmodell, das die *Generalitat* einführte, blieb über Jahrhunderte, bis Anfang des 18. Jhs., die Grundlage für das Funktionieren der Staaten der Konföderation, Königreich València, Balearen, Aragonien und Katalonien, und sogar der angeschlossenen Reiche im Mittelmeer: Sizilien, Neapel, Korsika, Sardinien, Athen und Neopàtria.

Niedergang und erste Versuche eines Neubeginns

Anscheinend hat sich das Land mit den Anstrengungen der bis hierher dargelegten Expansion über den gesamten Mittelmeerraum verausgabt. So kommt es, daß Katalonien ohne Schwung in das neue Geschichtszeitalter eintritt, das wir als Neuzeit bezeichnen und das 1453 mit der Eroberung Konstantinopels durch die Türken beginnt.

Infolge des Krieges der Bauern gegen die Feudalherren, der sogenannten *Guerra dels Remences* (1462-1472), setzt ein nachhaltiger Niedergang ein, der sich danach aus zwei Gründen noch verschärft. Erstens, weil 1469 durch die Heirat der Katholischen Könige, Isabel von Kastilien und Fernando von Aragon, ein erster Schritt zu einer Einheit zwischen Kastilien und Katalonien-Aragonien erfolgt, wenngleich beide Königreiche weiterhin die eigenen Gesetze und eine eigene Verwaltung beibehalten. Zweitens, weil mit der Entdeckung Amerikas nicht mehr das Mittelmeer Dreh- und Angelpunkt des Handels ist, sondern der Atlantik und die neu entdeckten Länder. Die Katalanen stehen bei den finanziellen und wirtschaftlichen Transaktionen des damals aufkeimenden Kapitalismus im Abseits. Obgleich der Niedergang stark und nachhaltig war, wäre es historisch falsch, zu glauben, daß Katalonien aufgehört hätte, als Nation zu existieren. Gegen Ende des 15. und über das ganze 16. Jahrhundert läßt die *Generalitat* in ihren Anstrengungen nicht nach, die politischen Vorrechte aufrechtzuerhalten, die ihr die Regierungsgewalt im Principat sichern. In seinem imperialen Streben führte das Haus Habsburg einen Eroberungskrieg nach dem anderen in verschiedenen europäischen Regionen. Katalonien beteiligte sich daran allerdings nur mit der Zahlung der «Dienste», und zwar nach vorheriger Genehmigung durch die *Corts*, und mit der Aushebung von Truppen, wenn es um die Verteidigung des eigenen Landes ging. Gegen Ende des 16. Jhs., und zwar 1599, erlahmten die *Corts Catalanes*. Offen trat die Praktik des Absentismus seitens des Monarchen zutage, der in Katalonien durch den Vizekönig als Vertreter der Autorität des Königs im gesamten Principat repräsentiert wurde.

In politischer Hinsicht verfinsterten sich mit fortschreitendem 17. Jh. die Beziehungen zum königlichen Machtzentrum zusehends. 1640 spitzte sich die Lage zu, und es kam zur offenen Auseinandersetzung im sogenannten *Aufstand der Schnitter (Revolta dels Segadors),* der ersten Episode eines dann zwölfjährigen Krieges, der ohne Sieger und Besiegte zu Ende ging. Obwohl sich ihm die Katalanen mit der Unterstützung König Ludwigs XIII. von Frankreich widersetzt hatten, erneuerte Philipp IV. seinen Eid auf die Katalanischen Grundrechte.

Darstellung des Schnitteraufstandes oder Blutigen Fronleichnams, der sich am 7. Juni 1640 in Barcelona ereignete, auf einem Gemälde von Antoni Estruch.

25

FENIX DE CATALVÑA
COMPENDIO DE SVS
ANTIGVAS GRANDEZAS, Y MEDIO
PARA RENOVARLAS.

A LA SACRA, Y
CATHOLICA MAGESTAD
DE NVESTRO GRAN MONARCA
Carlos Segundo (que Dios guarde) Rey de
las Españas, y Emperador del
Nuevo Mundo.

CONSAGRALE MARTIN PILES MERCADER
de Lienços de la Congregacion de San Iuliàn, vezino desta
Nobilissima Ciudad de Barcelona, natural de
la Ciudad de Vique.

CON PRIVILEGIO.

En Barcelona : En la Imprenta de Rafael Figueró, á los
Algodoneros. Año de 1683.

Titelblatt des Fénix de Cataluña. Dieses Buch wirkte wie ein belebendes Medikament und rüttelte das Bewußtsein um die Möglichkeiten des Landes zur Überwindung der Wirtschaftskrisen der zweiten Hälfte des 18. Jhs. wach.

Zu jener Zeit befand sich Katalonien in einer tiefgreifenden Wirtschaftskrise, die soziale Destabilisierung, innere Kämpfe unter den Adligen und Verarmung des einfachen Volkes mit sich brachte. Zudem war es den Katalanen untersagt, ihr Glück in den neuen Ländern des amerikanischen Kontinents zu suchen. Dessenungeachtet unternahmen verschiedene Persönlichkeiten aus der Welt der Industrie und des Handels große Anstrengungen, um das Land aus der Krise herauszuführen. Vor allem nach der Veröffentlichung des Buches *Fénix de Cataluña* von Narcís Feliu de la Penya, das dazu beitrug, das Bewußtsein wachzurütteln. Es kam zu mehreren Firmengründungen im Bereich der Textilindustrie, und man schickte katalanische Facharbeiter ins europäische Ausland, um sich dort fortzubilden und neue Techniken zu erlernen. Darüber hinaus gab es eine beachtliche Steigerung im Handels- und Schiffahrtswesen. Man kann sagen, daß das letzte Drittel des 17. Jhs. eine Zeit des Wiederaufbaus für das Land war.

Die katalanische Nation unter dem Joch des zentralistischen Staates

Nach dem Tod König Karls II., 1700, wurde unter dem Namen Philipp V. ein Vertreter der französischen Dynastie der Bourbonen, Philipp von Anjou, als König von Spanien ausgerufen. Andere europäische Großmächte, wie England und Österreich, widersetzten sich jedoch dieser Ernennung und verfochten die Rechte des Österreichischen Erzherzogs Karl auf die Nachfolge Karls II. Die Katalanen standen auf der Seite des Erzherzogs, der im November 1705 in Barcelona zum König der Katalanen ausgerufen wurde. Damit brach ein offener Krieg aus, bekannt unter der Bezeichnung *Guerra de Successió (Erbfolgekrieg)*, in dem sich England, Holland und Österreich auf der einen und Frankreich und Spanien auf der anderen Seite gegenüberstanden. Nach verschiedenen gegenseitigen Zugeständnissen und Entschädigungsleistungen beschlossen beide Seiten im März 1714, den Vertrag von Rastatt zu schließen, der den Krieg in Europa beendete. Philipp V. genoß also fortan die internationale Anerkennung.

Dennoch entschied sich Katalonien zur Fortsetzung des Krieges gegen Philipp V., der unverkennbar für eine absolute und zentralistische Monarchie stand, die es nun über sich hereinbrechen sah. Nunmehr ohne Unterstützung von außen führte Katalonien einen Krieg um das nationale Überleben. Ungeachtet des widrigen Kriegsver-

laufs beschloß die *Generalitat*, alles auf eine Karte, die Verteidigung Barcelonas, zu setzen. Trotz des heldenhaften Widerstandes von 10.000 Mann gegen 40.000 Angreifer kapitulierte die Stadt nach der Verwundung des Ratsvorsitzenden des *Consell de Cent (Hunderterrat)* der Stadt, Rafael Casanova, vor dem Herzog von Berwick, dem Oberbefehlshaber der französisch-spanischen Truppen. Dies geschah am 11. September 1714. Von diesem Tag an verliert Katalonien seine Souveränität gegenüber der Spanischen Krone. Tatsächlich kam es zwei Jahre später, 1716, zur *Nova Planta,* einer Sammlung von repressiven Erlassen, die die neue Ordnung im Principat bestimmten. Durch die *Nova Planta* wurden die jahrhundertealten Institutionen des Landes abgeschafft: die *Corts,* die *Generalitat,* der *Consell de Cent* und weitere kommunale Ratsgremien. Die erwähnten Erlasse

Dieses Gemälde von Antoni Estruch zeigt den Verteidigungskampf Barcelonas gegen den französisch-spanischen Ansturm, bei dem Rafael Casanova, der Ratsvorsitzende der Stadt, am 11. September 1714 verwundet wurde.

setzten die eigenständige Rechts-, Gerichts- und Verwaltungs-
struktur Kataloniens außer Kraft. Damit nicht genug, setzte
eine harte sprachliche Unterdrückung des Katalanischen ein,
indem nämlich Verordnungen erlassen wurden, die den
Gebrauch der kastilischen Sprache im Bereich des Gerichts-
wesens, der Rathäuser und des Schulwesens vorschrieben.

Die Erholung im 19. Jahrhundert

Die Bevölkerungszunahme, die in Katalonien im 18. Jh. eintrat,
die Zahl der Einwohner verdoppelte sich, und das, lediglich
durch den Erbfolgekrieg gebremste, Wirtschaftswachstum
schufen die Voraussetzungen für das Land, um in das 19. Jh.
einzutreten, das für die Entwicklung Kataloniens von entscheidender Bedeutung werden sollte. Hinzu kommt, daß im 18.
Jh. die katalanischen Häfen sich dem Handelsverkehr mit
Amerika öffnen konnten, was ihnen bis dahin verwehrt gewesen war.

*Darstellung des ersten
Eisenbahnzuges,
der auf spanischem
Boden fuhr, und zwar
1848 auf der Strecke
Barcelona-Mataró.*

Obgleich es unter König Karl III. verschiedene auf die Schwächung seines Nationalcharakters ausgerichtete Maßnahmen zu erdulden hatte, hielt Katalonien dem Angriff stand. Mehr noch: Es ging gestärkt daraus hervor. In der zweiten Hälfte des 18. Jhs. erfolgten bedeutende Veränderungen in der katalanischen Gesellschaft: Umstellungen in der Landwirtschaft, Zunahme der Exporte, Schaffung eines Handelskapitals, Festigung der Industrie u.a.m. Das Zusammenwirken dieser Linien der gesellschaftlichen Dynamik machte das Land bereit für die große Erholung, die im zweiten Drittel des 19. Jhs. eintrat.

Das 19. Jh. begann turbulent für das *Principat.* Der sogenannte Franzosenkrieg *(Guerra del Francès* 1808-1814) gegen die Truppen Napoleons bewirkte eine Verzögerung in dem Genesungsprozeß, der im vorhergehenden Jahrhundert eingesetzt hatte. Zahlreiche Fabriken wurden zerstört, was nicht ohne Auswirkungen auf die industrielle und kommerzielle Wiedergeburt blieb. Der Krieg begünstigte auch nicht gerade die Entwicklung der Landwirtschaft.

Im weiteren Verlauf des Jahrhunderts trat in Katalonien eine nachhaltige industrielle Umstrukturierung ein, die offensichtlich auch beträchtliche Veränderungen für das Finanz- und Handelssystem nach sich zog. In der Industrie hielt die Dampfmaschine Einzug, und im Jahr 1848 wurde die erste Eisenbahnlinie eingeweiht. Wenn sich die Industrialisierung auch nur auf Teilbereiche beschränkte, denn sie vollzog sich nur in den Sparten Textil und Anlagen, setzte Katalonien sich doch an die Spitze aller Regionen Spaniens und wirkte als Lokomotive für die wirtschaftlichen Aktivitäten Gesamtspaniens.

Gegenüber einem rückständigen, patriarchalischen, landwirtschaftlich orientierten, verkalkten Spanien zeigte sich Katalonien mit einem anderen Gesicht: Es war modern, aktiv, industrialisiert und dem Fortschritt zugewandt. Diese Vitalität entsprang aus der Existenz eines zahlenmäßig starken Bürgertums, das zu Initiativen auf wirtschaftlichem Gebiet in der Lage war. Die industrielle Dynamik und die damit einhergehende Entstehung städtischer Ballungsräume brachten natürlich eine neue Problematik mit sich: das Proletariat, das zu jener Zeit begann, sich in Gewerkschaften zu organisieren, um für menschenwürdigere Lebens- und Arbeitsbedingungen einzutreten.

Der historisch-politische Katalanismus

Bereits in der zweiten Hälfte des 19. Jhs. kam neben der Kulturströmung der «Renaixença» eine Forderung nach Wiederbelebung der politischen Persönlichkeit Kataloniens auf. Den Höhepunkt erreicht dies im Jahre 1873 mit der Forderung nach einem Staat Katalonien innerhalb der geplanten Verfassung einer «Bundesrepublik» Spanien. Dabei waren es nicht nur die republikanisch gesinnten

Katalanen, die es wagten, Projekte vorzustellen, die die monolithische Sicht Spaniens sprengten, sondern auch im Kreise des Bürgertums gewann ein gemäßigter Katalanismus zusehends an Boden. Um aber die tiefempfundene Überzeugung aller Teile der Gesellschaft zu erfassen, bedurfte es einer eindeutigeren Definition des politischen Katalanismus.

Auf der einen Seite versuchte Valentí Almirall, einen sozialen, demokratischen, fortschrittlich und republikanisch orientierten Katalanismus einzuführen. Demgegenüber gewinnt in anderen gesellschaftlichen Bereichen ein konservativ-traditionalistischer Katalanismus an Gewicht, der sich an den Gedanken des Bischofs Torras i Bages inspiriert. Das Jahr 1892 stellt ein besonders markantes Datum für den Prozeß des politischen Katalanismus dar. Es ist das Jahr der *«Bases de Manresa»* (Vereinbarungen von Manresa) für eine Katalanische Regionalverfassung. Zwei Jahre später, 1894, griff Prat de la Riba in die Richtungsdebatte ein und brachte Klärung, indem er den Begriff der Region durch den der Katalanischen Nation ersetzte. Zugleich verlangte das Industriellenbürgertum, unzufrieden mit der Wirtschaftspolitik der Madrider Zentralregierung, vehement nach einer Dezentralisierung der Verwaltung und nach einem besonderen

Der Ratssaal im Rathaus von Manresa, in dem 1882 die sogenannten «Bases de Manresa» (Vereinbarungen von Manresa) oder «Bases per a la Constitució Regional Catalana» (Grundlagen für eine katalanische Regionalverfassung), also ein Programm zur politischen Institutionalisierung Kataloniens, abgefaßt wurden.

Wirtschaftsabkommen für Katalonien. Diese Stimmungslage führte zu einem Sieg der katalanistischen Bewerber unterschiedlicher Couleur gegen die zentralistischen Parteien bei den Wahlen zu den Madrider *Cortes* (Ständeparlament), die 1901 stattfanden. Das bemerkenswerteste Ereignis im Rahmen der zunehmenden Durchsetzung des Katalanismus war jedoch das Wahlbündnis zwischen allen politischen Kräften des Landes, mit Ausnahme der *«espanyolistes»* des Lerroux, das unter dem Namen *Solidaritat Catalana* bekannt wurde und einen überwältigenden Erfolg bei den allgemeinen spanischen Wahlen von 1907 errang.

Die großen Ereignisse des 20. Jahrhunderts

Der Verlust der letzten spanischen Kolonien in Amerika (1898), die Forderungen der Arbeiterklasse und das Aufblühen des politischen Katalanismus sind die drei Ereignisse, die die Jahrhundertwende prägen. Mit Beginn des 20. Jhs. wird das Tempo der politischen, sozialen und wirtschaftlichen Entwicklung geradezu atemberaubend.

In wirtschaftlicher und sozialer Hinsicht tritt Katalonien mit dem gleichen Elan in das 20. Jh. ein, wie es bereits Mitte des 19. Jhs. die Industrialisierung und Modernisierung in Gang gesetzt hatte. Zur einheimischen Initiative, die vor allem im Textilbereich von Bedeutung war, gesellte sich Kapital und Technik aus dem Ausland. Die Jahre des Ersten Weltkriegs (1914-1918) boten beachtliche Exportmöglichkeiten in die kriegführenden Länder. Es folgten Jahre der Rezession und der Wirtschaftskrise, die zudem geprägt waren durch verbissene Kämpfe der Arbeiterbewegung zur Durchsetzung ihrer Forderungen.

1914 vereinbarten die vier Provinzregierungen *(Diputacions provincials)* Kataloniens die Gründung der *«Mancomunitat de Catalunya»* (Katalanische Provinzialvertretung, eine Art gemeinsamer Regierung der vier Provinzen) unter dem Vorsitz von Prat de la Riba, einem Mann von außergewöhnlichen staatsmännischen Gaben. Die *Mancomunitat* trieb die Wiederbelebung der katalanischen Schule, Verwaltung, Sprache und Kultur voran. Gleichwohl setzte sich der unerbittliche, gleichmacherische Geist wieder durch, als das

Militär in Spanien eine Diktatur errichtete, die die Zeit von 1923-1930 umfaßte. In Katalonien wurde die *Mancomunitat* aufgelöst.

Trotz einer kurzen Phase der Erholung im Zusammenhang mit der Weltausstellung in Barcelona (1929) gab es in den Jahren der Republik keinerlei Anzeichen für einen wirtschaftlichen Aufschwung.

Nach dem Sturz der Diktatur Primo de Riveras rief Francesc Macià, inmitten der Begeisterung des Volkes und der nationalistischen Hochstimmung, am 14. April 1931 die Katalanische Republik als Mitgliedsstaat der Iberischen Föderation aus. Diese Entscheidung, die über das im Pakt von San Sebastián (1930) zwischen den verschiedenen antimonarchistischen Kräften Vereinbarte hinausging, traf die provisorische Regierung der Spanischen Republik unvorbereitet. Nach einer Reihe von Rückschlägen und Verhandlungen mit den Vertretern der Zentralregierung wurde der Beschluß gefaßt, auf die Katalanische Republik zu verzichten und eine nationale, autonome Regierung innerhalb der Spanischen Republik zu begründen. Diese trug den historischen Namen *Generalitat de Catalunya* (1932). Die *Generalitat* setzte sich wie folgt zusammen: Exekutivrat bzw. eigentliche Regierung, Parlament als Abgeordnetenhaus, das aus allgemeinen Wahlen hervorging, und Kassationsgericht oder Oberster Gerichtshof. Der erste Präsident der *Generalitat* war

Francesc Macià ruft am 14. April 1931 die Katalanische Republik innerhalb einer Iberischen Föderation aus.

Francesc Macià, und nach seinem Tod (1933) folgte ihm Lluís Companys. Dieser erklärte sich im Oktober 1934 gegen die Regierung in Madrid und rief den Staat Katalonien innerhalb der «Bundesrepublik Spanien» aus. Die militärische Antwort ließ nicht auf sich warten, und die katalanische Regierung, sowie einige Abgeordnete wurden verhaftet. Das Autonomiestatut wurde außer Kraft gesetzt, und zwar bis Februar 1936, als unmittelbar nach allgemeinen gesamtspanischen Wahlen unter einer aus Linksparteien gebildeten Regierung die *Generalitat* wiederhergestellt wurde. Im Juli desselben Jahres brach der Spanische Bürgerkrieg aus, der bis 1939 dauern und General Franco den Sieg bringen sollte. Die Errichtung eines diktatorischen Regimes auf dem gesamten spanischen Staatsgebiet brachte für Katalonien das Exil vieler seiner Politiker und Intellektuellen, die systematische Unterdrückung seiner charakteristischen Wesensmerkmale, insbesondere seiner eigenen Sprache, des Katalanischen, und seiner nationalen Identität mit sich.

Plakat zum katalanischen Nationalfeiertag, dem 11. September, das 1938, mitten im Spanischen Bürgerkrieg, entstand.

Überflüssig zu sagen, daß das Land in den Jahren des Spanischen Bürgerkriegs (1936-1939) eine regelrechte Verarmung erlebte, von der es sich erst in den sechziger Jahren erholen sollte.

Die politische Unterdrückung der Nachkriegszeit war durch große Härte gekennzeichnet. Nicht alle beugten sich indessen der diktatorischen Gewalt. Teile der Intellektuellen, der Freiberufler, der Kirche, des Handwerks, der Arbeiterschaft mochten sich nie mit einem Verzicht auf ihre eigene Sprache und Kultur abfinden. Der Widerstand gegen das Franco-Regime war zwar anfangs noch recht schwach, erlebte dann aber zunehmend machtvollere und mitreißendere Demonstrationen. 1971 gelang es, alle Oppositionskräfte in der sogenannten *Assemblea de Catalunya (Katalanische Nationalversammlung)* zusammenzuführen.

34

Demgegenüber sind die zwanzig Jahre zwischen 1960 und 1980 geprägt durch eine tiefgreifende Umgestaltung der Produktionsstrukturen und einen ungebrochenen Rhythmus in der wirtschaftlichen Entwicklung.

Was die Politik angeht, mußten von 1939 an vierzig Jahre vergehen, ehe Katalonien die Institutionen seiner Selbstverwaltung wiedergewinnen konnte. 1975 verstarb der Diktator General Francisco Franco, und im Juni 1977 fanden in ganz Spanien die ersten Parlamentswahlen der neuen spanischen Demokratie statt. Alle katalanischen politischen Parteien traten zu den Wahlen mit der Forderung nach Wiederherstellung der Generalitat und nach einem Statut über die politische Autonomie Kataloniens an. Noch vor Ende des Jahres 1977 wurde nach Verhandlungen zwischen dem Ministerpräsidenten der spanischen Zentralregierung, Adolfo Suárez, und dem Präsidenten der Exil-Generalitat, Josep Tarradellas, dessen Rückkehr nach Katalonien und die Wiederherstellung einer provisorischen Generalitat vereinbart, was dann am 29. September 1977 geschah.

Nachdem 1978 die demokratische Verfassung für Spanien verabschiedet worden war, stimmte das katalanische Volk 1979 in einem Referendum über das Autonomiestatut ab. Im April 1980 fanden die ersten Wahlen zum Parlament Kataloniens statt. Sie wurden durch das von Jordi Pujol angeführte Wahlbündnis gewonnen, und dieser wurde zum Präsidenten der *Generalitat* gewählt und bildete seine Regierung.

Eine Million Menschen nehmen 1977 an einer Demonstration zum 11. September in Barcelona teil, um ein Autonomiestatut für Katalonien zu fordern.

35

DIE KOLLEKTIVE IDENTITÄT IMSPIEGEL DER ZEITEN

• •

Die Sprache - ein wesentlicher Faktor

Das Katalanische ist eine romanische Sprache, ebenso wie das Französische, das Spanische oder das Italienische, und hat sich auf dem Boden der heutzutage katalanischsprachigen Länder aus dem von den Römern eingeführten Lateinischen entwickelt. Man geht davon aus, daß das Katalanische bereits im 10. und 11. Jh. eine ausgereifte Sprache ist. Und seit dem Jahr 1150 ist das Katalanische bereits eine geläufige Kanzleisprache, wenngleich Latein nach wie vor als universelle Kultursprache lebendig blieb.

Fragment der **Homilies d'Organyà** *(Homilien von Organyà) aus den letzten Jahren des 12. Jhs. Sie gelten als das älteste katalanische Prosadokument.*

Die katalanische Sprache wird im *Principat* Katalonien, im *País Valencià,* auf den Balearen, in der Republik Andorra, in einem kleinen Streifen Aragoniens, in einzelnen Landkreisen Südfrankreichs und in Alghero, einer Stadt auf der Insel Sardinien, gesprochen. Die Gesamtzahl der Einwohner all dieser Gebiete beträgt zehneinhalb Millionen Menschen. Davon sprechen etwa sechs Millionen das Katalanische. Diese Zahlen machen deutlich, daß das Katalanische nicht zu den «großen» Sprachen der Welt gehört, aber auch nicht zu den «kleinsten». Nach der Zahl der Sprecher ist es auf einer Stufe mit dem Dänischen, dem Schwedischen oder dem Norwegischen einzuordnen.

Es muß darauf hingewiesen werden, daß das Katalanische, wie dies auch bei anderen Sprachen der Fall ist, verschiedene dialektale Ausformungen oder Varianten annimmt, die man an der Aussprache erkennt. Diese Tatsache bringt gelegentlich verständliche Streitigkeiten über die Bezeichnung mit sich. Es spricht überhaupt nichts dagegen, von Valencianisch, Mallorquinisch, Menorquinisch oder Alghe-

FRANÇA
ANDORRA
ARAGÓ
BARCELONA
Mar Mediterrani
PALMA DE MALLORCA
VALÈNCIA
L'ALGUER

Karte des gesamten katalanischen Sprachraumes.

resisch zu sprechen, wenn es um die in den jeweiligen Gebieten gebrauchte Sprache geht, solange nicht bestritten wird, daß es sich um Erscheinungsformen einer einzigen katalanischen Sprache handelt.

Es mag zwar verwundern, aber die katalanische Sprache hat tatsächlich im Laufe ihrer achthundertjährigen Geschichte schwierige Situationen durchlaufen und regelrechte Attentate erdulden müssen. Glücklicherweise hat es sie alle überstanden. Im 16. und 17. Jh. gab es keinerlei politischen Druck gegen den Gebrauch der katalanischen Sprache. Die Vizekönige oder Statthalter des spanischen Monarchen in Katalonien veröffentlichten ihre Anordnungen und Erlasse auf katalanisch. Dagegen wollte im 18. Jh. König Philipp V. die nationale Identität der Katalanen auslöschen und war bemüht, das Katalanische zu verdrängen und das Kastilische in allen katalanischsprachigen Ländern, die unter seiner Herrschaft standen, einzuführen. In unserem Jahrhundert hat es Versuche zur Abschaffung des Katalanischen gegeben.

Gegenwärtig ist das Katalanische, dank der Einführung einer demokratischen Verfassung in Spanien, in einen Prozeß der Normalisierung und vollständiger Wiedereinbürgerung in allen Bereichen des Alltags eingetreten.

Die soziolinguistische Lage der Gegenwart

Katalonien sieht sich einer sprachlichen und zugleich auch kulturellen und sozialen Problematik gegenüber, die aus dem Zusammenwirken zweier grundlegender Faktoren erwächst. Der eine sind die wiederholten historischen Unterdrückungen, denen die katalanische Sprache und Kultur ausgesetzt war und die ihren Höhepunkt in unserem Jahrhundert erreichten, und zwar während der vierzig Jahre der Franco-Diktatur, als das Katalanische vollständig aus dem offiziellen Leben verschwand. Zum anderen erlebte Katalonien im Laufe unseres Jahrhunderts mehrere Einwanderungswellen von Bürgern aus verschiedenen Regionen Spaniens, die das Katalanische nicht kannten und, wiederum besonders in der Franco-Ära, unter psychosozialen Bedingungen und in Wohnverhältnissen lebten, die ein Erlernen der Sprache kaum begünstigten.

Nach Wiedereinführung demokratischer Verhältnisse und unter dem Schutz der Spanischen Verfassung (1978) hat Katalonien einen Prozeß der Wiederbelebung seiner «eigenen» Sprache in Gang gesetzt, wie dies im Autonomiestatut (1979) festgelegt ist. Dieses Statut bestätigt eigentlich nur juristisch und offiziell, was eine offensichtliche und natürliche Gegebenheit ist. 1983 wurde dann vom Katalanischen Parlament das Gesetz zur *Sprachlichen Normalisierung* verabschiedet. Dieses Gesetz bringt den Willen des gesamten Volkes zum Ausdruck, der katalanischen Sprache wieder uneingeschränkten Zugang zu all den Lebensbereichen zu verschaffen, aus denen sie gewaltsam verdrängt worden war: Schule, öffentliche Verwaltung, Medien usw. In aller Kürze sei an dieser Stelle noch einmal darauf hingewiesen, daß das Gesetz ebenfalls feststellt, daß das Katalanische gegenwär-

tig eine prekäre Situation durchläuft, die keine hinreichende
Gewähr für ihr Überleben bietet.

Diese wahrhaft alarmierend wirkende Feststellung zei-
tigt durchaus einen Mobilisierungseffekt. Man findet nur
noch schwer Bürger, die die Zukunft der katalanischen Sprache als etwas betrachten, das sie nicht betrifft. Ganz aktu-
ell verfügen wir für den Bereich des Principats über konkrete Zahlen, die uns ein genaues Bild der soziolinguistischen
Gegebenheiten liefern.

Auf der Grundlage des Zensus der Bevölkerung Kataloniens von 1991 gestaltet sich der Grad der Kennt-
nis der katalanischen Sprache in der Landesbevölkerung
wie folgt:

5.577.855	93,8%	verstehen das Katalanische
4.065.841	68,3%	können es sprechen
4.019.276	67,6%	können es lesen
2.376.201	39,9%	können es schreiben

Angesichts der soeben genannten Zahlen, befindet sich
Katalonien im Schutze der Verfassung, mit der Kraft des
Autonomiestatuts und insbesondere eines Gesetzes über
die sprachliche Normalisierung auf dem Wege der endgül-
tigen Festigung seiner eigenen Sprache, die sich vor allem auf
drei Gebieten vollzieht: Schule, öffentliche Verwaltung und
Medien.

Im Bereich der Schule gilt es, folgendes Ziel zu erreichen,
nämlich daß alle Kinder in Katalonien, unabhängig von ihrer
Alltagssprache zum Zeitpunkt der Einschulung, in die Lage
versetzt werden sollen, am Ende ihrer allgemeinbildenden
Schulzeit sowohl das Katalanische wie auch das Kastilische
richtig gebrauchen zu können.

Von der Verwaltung her wird angestrebt, daß jeder Bürger Kataloniens tatsächlich in den Genuß seines ihm von den Gesetzen garantierten Rechtes kommt, im alltäglichen Umgang mit den Behörden frei zwischen den beiden Amtssprachen wählen zu können.

Die Medien, sowohl die gedruckten als auch die audiovisuellen, verzeichnen noch ein gewisses Defizit angesichts der starken Präsenz der spanischen Sprache, die teilweise noch immer aus der vier Jahrzehnte während Verurteilung zum Schweigen, die die Franco-Diktatur der katalanischen Sprache aufgebürdet hatte, nachwirkt. Hier ist es das gesteckte Ziel, daß diese Medien mittelfristig den Anforderungen der Bürger gerecht werden, die beide Amtssprachen beherrschen.

Es liegt also noch ein weiter Weg vor uns, bis die Sprache zu ihrer vollkommenen Normalisierung gelangt. Ein wesentlicher Aspekt hierbei ist die persönliche Einstellung der sogenannten «Alt-Katalanen», die seit Jahrhunderten in Katalonien verwurzelt sind, und der «Neu-Katalanen», die erst seit wenigen Jahren oder Jahrzehnten in Katalonien leben. Die erstgenannten sollten den letzteren auf allen möglichen Wegen beim Erlernen und bei der Übernahme der Sprache behilflich sein. Die letztgenannten sind aufgerufen, sich in einem Land zu integrieren, das eine tausendjährige eigene Sprache besitzt. Dank der Vernunft auf beiden Seiten gestaltet sich das soziale Klima, ungeachtet gewisser Provokationen, die von innerhalb und außerhalb Kataloniens ausgehen, im Umfeld der sprachlichen Problematik entspannt und tolerant. Zudem sind die vom Katalanischen Parlament verabschiedeten Gesetze und deren praktische Umsetzung durch die Regierung von Behutsamkeit und Flexibilität getragen, wodurch Mißstimmungen im Zusammenleben der Bürger vermieden werden konnten.

Wesensart und Verhaltensweisen

In einem Buch wie diesem bietet es sich an, ein Profil der kollektiven katalanischen Wesensart zu zeichnen. Wenn ein Volk jahrhundertelang existiert, treten eine Reihe von Verhaltensweisen, Werten und gegenläufigen Werten zutage, und zwar als Frucht einer einzigartigen, unnachahmlichen Wesensart.

Das katalanische Volk ist so der Philosoph und Essayist Ferrater i Móra ein durch vier konkrete und konstante Wesenszüge definiertes Volk. Er spricht von katalanischen Lebensformen. Es sind dies: die Kontinuität, der gesunde Menschenverstand, das rechte Maß und die Ironie. Tatsächlich kümmert der Katalane sich um Kontinuität; er weiß die eigene Geschichte, die eigenen ganz besonderen Traditionen zu schätzen, also jene Elemente, die sein Fortbestehen für die Zukunft gewährleisten. Seite an Seite mit der Kontinuität steht der gesunde Menschenverstand wie ein innerer Imperativ, der zu einer Lebensführung rät, die sich nach den Lehren der Erfahrung richtet, ohne die Überlegung außer acht zu lassen. Der gesunde Menschenverstand weist den einzuschlagenden Weg, wenn man an einen Scheideweg kommt, und läßt einen voranschreiten, ohne sich auf Naivität oder Boshaftigkeit einzulassen.

Mit dem gesunden Menschenverstand und der Kontinuität als Wesenszügen des kollektiven Lebens geht das rechte Maß einher, das eher ein Wesenszug des Individuums ist. Der Katalane wäre demnach ein Mensch, der sich eher an das klassische *nihil nimis* hält, also an «von nichts zuviel», was gewissermaßen auch «von allem ein bißchen» heißt, worin sich eine gewisse vielschichtige Neugierde äußert. Und zu guter Letzt die Ironie. Die katalanischen Menschen greifen häufig in ihrer Lebensweise auf die Ironie zurück. Es handelt sich allerdings um die klassische Ironie, die sokratische, in der man die Fähigkeit zum Erkennen der Grenzen der Dinge und ihrer Einhaltung sehen muß. Es ist eine positive Ironie, und zwar in dem Sinne, daß sie sich nicht über die Transzendenz oder das Verfolgen eines Ideals lustig macht. In ihr schwingt auch keine Mißachtung oder Geringschätzung gegenüber Menschen oder Dingen mit, sondern sie regt den kritischen Geist an und weckt den Wunsch zur Verbesserung der Welt um uns.

Auch von außen werden den Katalanen Tugenden zugesprochen, die Allgemeingültigkeit beanspruchen dürfen. Man kann sie als loyal, arbeitsam, unternehmungsfreudig, ordentlich, praktisch, höflich und gastfreundlich u.v.a.m. bezeichnen. Gleichwohl wurden sie auch oft als narzißtisch, arrogant, eitel, verschlossen wie Muscheln und als unsolidarisch betitelt.

Möglicherweise liegt in jeder Bezeichnung, die irgendwo geschrieben steht, ein Quentchen Wahrheit, denn diese Einschätzungen über eine Gemeinschaft, die auf deren Weg durch die Geschichte fußen, sind nicht zu widerlegen. Wohl aber kann man festhalten, wie die Katalanen sich heutzutage selbst sehen. In einer jüngst durchgeführten Umfrage haben sich die Katalanen mehrheitlich als leidlich glückliche Menschen bezeichnet, die die Familie als Einrichtung sehr positiv einschätzen, die eher dem Ideal der Freiheit und der Freiheitlichkeit zuneigen, denn dem der Gleichheit und der staatlichen Lenkung, und sie sind für Toleranz in bezug auf die private Moral, gleichzeitig aber streng, wenn es um die Überschreitung der öffentlichen Moral geht.

Die Mehrheit der katalanischen Bevölkerung ist für die Einhaltung der Menschenrechte, für Naturschutz, gegen Rassendiskriminierung und Atomkraft und für Abrüstung.

So gestaltet sich in groben Zügen das annähernde Phantombild der katalanischen Gesellschaft aus zweierlei Blickwinkeln: dem historischen, der sich auf Zeugnisse stützt, und dem aktuellen, der sich aus dem Meinungsbild ergibt, das die Katalanen des ausgehenden 20. Jhs. von sich selbst haben.

Das kulturelle Leben

Man kann die katalanische Kultur als die Gesamtheit der Reichtümer des Geistes verstehen, die im Laufe der Geschichte entstanden und bewahrt wurden und die Identität des katalanischen Volkes im Unterschied zu den anderen Völkern ausmachen, mit denen es im Rahmen der Iberischen Halbinsel und Europas zusammenlebt.

Grundlage dieser Kultur ist seine eigene Sprache, das Katalanische, und infolgedessen seine Literatur, ebenso seine Kunst, seine eigenen Gesetze, seine Feste und Traditionen, neben vielen anderen Zeugnissen kollektiver Identität.

Die Länder des katalanischen Kulturraumes können mit einer langen Liste namhafter Schriftsteller aufwarten, die die Vitalität und Möglichkeiten ästhetischen Schaffens belegen, welche die Sprache in sich birgt. Beispielhaft seien hier einige der berühmtesten hervorgehoben: Ramon Llull aus Mallorca (13. Jh.), dessen Werke in den bedeutendsten Bibliotheken ganz Europas zu finden waren. Der Valencianer Arnau de Vilanova (14. Jh.), ein Arzt von Weltruhm und erstaunlicher Schriftsteller, der aus dem naturwissenschaftlichen, psychologischen und theologischen Wissen seiner Zeit schöpfte. Der ebenfalls aus València stammende Ritter Joanot Martorell (15. Jh.), Verfasser eines außergewöhnlichen Abenteuerromans mit dem Titel *Tirant lo Blanc,* der einen der besten Beiträge der katalanischen Literatur zur Weltliteratur darstellt und den Cervantes als «das beste Buch der Welt» bezeichnete. Bevor wir uns von den alten Schriftstellern den modernen zuwenden, müssen wir daran erinnern, daß das 19. Jh. einige bedeutende Autoren hervorgebracht hat: Jacint Verdaguer in der Lyrik, Angel Guimerà im Drama, Narcís Oller in der Erzählprosa.

Joan Maragall verkörpert den Übergang vom 19. ins 20. Jh. Die Liste der Schriftsteller, die sich im ersten Drittel unseres Jahrhunderts einen Namen machten, ist beachtlich: Carles Riba, Josep-Maria de Sagarra, Josep Pla, Llorenç Villalonga, «Gaziel», Marià Manent, J.V. Foix, Josep Carner und viele andere mehr. Nach den Kriegswirren haben trotz der sprachlichen Unterdrückung durch die Franco-Diktatur Schriftsteller wie Salvador Espriu, Mercè Rodoreda, Xavier Benguerel, Tomàs Garcés, Josep M. Llompart, Agustí Bartra, Joan Fuster, Pere Calders oder Manuel de Pedrolo die Grenzen unseres Landes überschritten und wurden in die bedeutendsten Verlagssprachen der Welt übersetzt.

Neben Erzählern und Lyrikern müssen auch noch Autoren erwähnt werden, die sich mit Essays und Abhandlungen über literatur- oder sprachwissenschaftliche oder historische Themen hervorgetan haben: Jaume Vicens Vives, Josep Ferrater i Móra, Miquel Batllori, Joan Triadú, Joan Coromines, A. M. Badia Margarit, Martí de Riquer, Albert Manent, Maurici Serrahima, Joaquim Molas, Josep Benet, Miquel Coll i Alentorn, Pau Vila, Miquel Tarradell und viele andere mehr.

Das Zeugnis der Kunst

Jegliches Ansinnen, hier zusammenfassen zu wollen, welchen Weg die katalanische Kunst und ihre Hauptwerke im Lauf der Geschichte zurückgelegt haben, wäre zum Scheitern verurteilt. Wie bei allen Völkern ist die Kunst vielleicht diejenige Ausdrucksform der menschlichen Seele, die den besten Zugang zu dem Wesen einer Nation bietet. Bevor

Katalonien überhaupt existierte, hinterließ die Kunst der Ureinwohner dieses Landes bereits ihre Fußstapfen auf den Felswänden der Höhlen. Wenn wir dann mit Riesenschritten in der Geschichte vorwärts schreiten, können wir heute noch Beispiele des exquisiten Geschmacks der Griechen bei der Gestaltung ihrer Mosaiken (Empùries) bewundern und finden in Tarragona Belege für die meisterliche Zivil- und Militärarchitektur der Römer.

Ein besonders langes Kapitel verdiente eigentlich die *Romanik,* eine Kunstrichtung, die aufkam, als Katalonien gerade dabei war, seine nationale Identität zu schmieden. In allen *comarques* des Landes finden wir Zeugnisse davon. Es fällt schwer, eine Auswahl unter den Baudenkmälern zu treffen, aber wir wollen wenigstens einige Namen hier festhalten: die Klöster Santa Maria de Ripoll und Sant Pere de Roda, oder die Kathedrale von La Seu d'Urgell und der

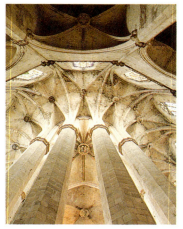

Senkrechtaufnahme einiger Säulen in der gotischen Basilika Santa Maria del Mar aus dem 14. Jh.

Kreuzgang von Girona. Ein Besuch im *Museu Nacional d'Art de Catalunya* ist unerläßlich, wenn man die weltweit beste Sammlung romanischer Kunst bewundern will.

Der Aufschwung des Handels und die Dynamik des Stadtlebens begünstigten die Entwicklung der *Gotik,* einer Kunstrichtung, die in Barcelona höchste Vollkommenheit erreichte, etwa in den Patrizierpalais des *Barri Gòtic,* in der Kathedrale oder der Basilika Santa Maria del Mar.

Im Bereich der Plastik führte, bereits in der zweiten Hälfte des 13. Jhs., der Meister Bartomeu den gotischen Stil in Katalonien ein, der sich im 15. Jh. im ganzen Land ausbreiten sollte. Im Laufe des 15. Jhs. erreicht die gotische Malerei höchste Qualitätsstufen. Hierfür stehen u.a. berühmte Namen wie die Bassas, die Serras und Lluís Borrassà. In dieser Zeit und noch bis weit ins 16. Jh. hinein

erklimmen die Miniaturmalerei, die Goldschmiedekunst und die Glasmalerei erstaunliche Qualitätsstufen.

Vom Tempo der Industrialisierung im 19. Jh. erfuhren Architektur und Städtebau beachtliche Impulse. Einen guten Beleg hierfür bietet der rational gestaltete Grundriß des modernen Barcelonas, ein Werk des Architekten Ildefons Cerdà. Der englische *Modern Style* findet in Katalonien, vor

allem in Barcelona, unter der Bezeichnung *moder-nisme* besonderes Echo, als sich die Inspirationskraft des Neoklassizismus erschöpft hat. Zu Beginn des 20. Jhs. überragt der Architekt Antoni Gaudí alles, ein Genie, das keine Grenzen in seiner Vorstellungskraft kennt. Er errichtet die Türme der *Sagrada Família,* das architektonisch Erstaunlichste, was Barcelona zu bieten hat. Auf dem Gebiet der bildenden Künste weist das Panorama als Bezugspunkte drei Künstler von Weltruhm auf: Joan Miró, Salvador Dalí und Pablo Picasso. Daß Miró unter dem Einfluß einer Art magischer Kraft malte, kann man in der Barceloniner *Fundació Miró* nachvollziehen. Daß die Dalísche Phantasie stets mit der Beherrschung der Technik einhergeht, zeigt sich in seinem im *Museu Dalí* in Figueres zusammengetragenen Werk. Pablo Picasso, in Málaga geboren und in Barcelona ausgebildet, hinterließ der Stadt einen bedeutenden Querschnitt seines Werkes, ausgestellt im Museum, das den Namen des Künstlers trägt.

Die Sardana der Freundschaft *von Pablo Picasso, einem Maler von Weltrang, dem Barcelona ein bedeutendes Museum eingerichtet hat. Dort ist ein reicher Fundus an Werken, die der Künstler gestiftet hat, zu sehen.*

Das katalanische Recht, ein Identitätsmerkmal

Das eigene Recht Kataloniens ist eines der Merkmale, aus denen sich die Identität des Landes zusammensetzt. Neben Sprache, Literatur, Kunst, Geschichte, kollektiver Psyche, nährender Scholle müssen wir auch das Recht berücksichtigen. Denn wiederum ist das Volk das dieses Recht schaffende Subjekt. Durch eine bestimmte Art, Gesetze zu machen, haben die Bürger im Laufe der Zeit ihr Katalanischsein definiert: Sie haben Ehen geschlossen, haben Hausstände begründet, haben ein Familienerbe erworben oder über ihre Güter nach deren Übergabe verfügt.

Von den *Usatges de Barcelona (Barceloniner Bräuche)*, Mitte des 13. Jhs., die die Ursprungs- und Grundbausteine des Rechts der Katalanen enthalten, bis zur letzten Sammlung, die den Namen *Constitucions i altres Drets de Catalunya (Verfassungen und andere Rechte Kataloniens)* trägt, anfang des 18. Jhs., wurde nach und nach das ganze juristische Geflecht erarbeitet, das das Leben eines bestimmten menschlichen Gemeinwesens ausmacht. Nach dem Erbfolgekrieg und dem Dekret der *Nova Planta* aus dem Jahre 1716 blieb das katalanische Recht in Kraft, allerdings zweitrangig. Die privativen Rechtsordnungen der Gebiete, aus denen sich die Monarchie der Bourbonen zusammensetzte, bezogen zwar die Sonder- der Partikularrechte ein, aber vorrangiges und allgemein anzuwendendes Recht war das Kastiliens, das damals begann, als allgemeines Recht bezeichnet zu werden.

Mit der Einführung der konstitutionellen Staatsform setzt eine Dynamik der legislativen Vereinheitlichung aller Territorien der spanischen Monarchie ein. Nach und nach schreitet das System der Kodifizierung des Rechts voran, ungeachtet der Opposition der Territorien, die bereits ein eigenes solches besaßen. Im 19. Jh. machten sich mehrere katalanische Juristen dafür stark, daß in den bürgerlich-rechtlichen Bestimmungen, die nun im gesamten spanischen Staatsgebiet eingeführt werden sollten, auch die gesetzlichen Besonderheiten Kataloniens Berücksichtigung finden sollten. Besondere Erwähnung verdient hier Manuel Duran i Bas. Trotz alledem wurde das katalanische bürgerliche Recht, das als einziges unter den damals gültigen, wenn auch nur teilweise, noch in Kraft blieb, in eine nachgeordnete Rolle gedrängt.

Heutzutage ist, unter demokratischen Verhältnissen, das katalanische Recht nach und nach wieder erblüht und hat wieder den Platz eingenommen, der ihm zukam. Dabei bildeten zwei Ziele die Richtschnur: die Anpassung an die neue Spanische Verfassung und die Ausrichtung an der heutigen katalanischen Gesellschaft.

Will man die charakteristischen Züge des katalanischen Rechts konkret festhalten, so stößt man vor allem auf die Freiheit der Verfügung und die Freiheit des Vertragsschlusses. Ebenso kam dem Brauch stets höchste Wertschätzung zu: Der Brauch führt zum Gesetz, nicht umgekehrt. Besonderheiten des katalanischen Rechts sind auch der Paktismus, das Fehlen von prohibitiven und dirigistischen Gesetzen und der Geist der Toleranz und der Mäßigung.

Kurzes Panorama der Wissenschaften

Die Menschen, die sich vor tausend Jahren zu beiden Seiten der Pyrenäen Katalanen nannten, standen einem anderen Volk gegenüber, das kulturell höher stand und auf dem Gebiet der Wissenschaften höchste Gipfel erklommen hatte; die Rede ist vom arabischen Volk. Es ist demnach nicht verwunderlich, daß sich Katalonien, aufgrund seiner geographischen Lage, als Zone unterschiedlicher wissenschaftlicher Einflüsse darstellt und dabei gleichzeitig im Verlauf des Mittelalters als Übertragungskanal für das Wissen auftrat. Das kulturelle und wissenschaftliche Schaffen des Klosters Ripoll galt allen europäischen Kulturzentren des 11. und 12. Jhs. als Bezugspunkt. Verschiedene Manuskripte aus Ripoll dienten ganz wesentlich dazu, dem christlichen Abendland die wissenschaftlichen Kenntnisse der Araber, insbesondere in der Astronomie, zu vermitteln.

Mit zunehmender Verwurzelung und Stärkung der katalanischen Nation entwickelte sich daneben auch eine einheimische Wissenschaft. Einmal mehr zeigt sich daran, daß umfassende politische Macht und wirtschaftliche Blüte meist mit wissenschaftlichen Glanzleistungen zusammentreffen. Daher sind das 13. und das 14. Jh. eine regelrechte Zeit der Hochblüte. Mit dem 13. Jh. bricht eine Epoche besonders reicher autochthoner Wissenschaft an. Die Katalanen jener Zeit, Christen wie Juden, hatten sich intensiv mit klassischer und arabischer Überlieferung beschäftigt und übernahmen nun eine eigenständige, kreative Rolle. Erwähnt seien nochmals Namen wie Ramon Llull und Arnau de Vilanova, die man angesichts der Reichweite ihrer Buchproduktion ebenfalls als echte Wissenschaftler bezeichnen muß. Erinnert sei daran, wie Ramon Llull in seiner *Ars Magna* den Versuch unternahm, alle Kenntnisse auf eine Reihe bestimmter Prinzipien zurückzuführen, so daß alle möglichen Fragen mathematisch zu lösen wären. Arnau de Vilanova verdanken wir allgemeine Abhandlungen und Gesamtdarstellungen der ärztlichen Kenntnisse seiner Zeit. In die Regierungszeit des Königs Pere III., unter dem Katalonien den Höhepunkt seiner Ausdehnung im Mittelmeerraum erreichte, fällt auch der Augenblick größten wissenschaftlich-kulturellen Glanzes für das Katalonien des Mittelalters. Im Bereich der Medizin finden wir neben der von Joan Jaume besorgten Übersetzung des *Llibre de la figura de l'ull (Buch von der Gestalt des Auges)*, einem Traktat über Augenheilkunde des Toledaners Alcoatí, das *Regiment de preservació a epidèmia o pestilència e mortaldats (Anleitung zur Vorbeugung gegen Seuche oder Pestilenz und Sterblichkeit)* von Jaume d'Agramunt, der am *Estudi* (Universität) von Lleida, gegründet im Jahre 1300, lehrte. Besonders hervorragende Leistungen erbrachte in jener Zeit jedoch die Wissenschaft auf dem Felde der Astronomie und der Erstellung astronomischer und nautischer Tabellen.

Die Mallorquiner sind es indessen, die seit Beginn des 14. Jhs. die bedeutendsten Werke der eigenständigen Kartographie zu Wege bringen. Weltweiten Ruhm erlangt der sogenannte *Atles català (Katalanischer Atlas)* von 1375, der auch kosmographisches und astronomisches Material enthält. Als sein Schöpfer gilt der mallorquinische Jude Cresques Abraham (1325-1387).

Fragment aus dem 1375 erschienenen «Atlas català» des mallorquinischen Juden Cresques Abraham.

Im 15. Jh. verlagert sich die wissenschaftliche und künstlerische Aktivität vom Principat nach València; diese Stadt wird außerdem zum wichtigsten Finanzplatz nicht nur der Katalanisch-Aragonesischen Konföderation, sondern des gesamten Königreiches. Im letzten Viertel des 17. Jhs., in dem die spanische Wirtschaft ihren Niedergang erlebt, ist es wiederum València, wo die Wiederbelebung einsetzt, die den Namen «moviment *novator*» (Erneuerungsbewegung) trägt und die neue europäische Wissenschaft durch Gesprächskreise und Akademien auf die Iberische Halbinsel bringt.

Gegen Ende des 17. Jhs. lebt Katalonien wieder auf; die katalanischen Wissenschaftler hatten den Kontakt zu Europa nicht verloren, vor allem dank der Möglichkeiten zum Austausch von Gedanken und Kenntnissen mit ihren französischen Kollegen. Von der zweiten Hälfte des 18. Jhs. an gibt es im *Principat* bereits ein gefestigtes Bürgertum, das nach der wirtschaftlichen und politischen Macht strebte. Es entstehen eine Reihe von Institutionen wie die *Acadèmia de Medicina Pràctica* (Akademie für Praktische Medizin) oder die *Acadèmia de les Ciències i de les Arts* (Akademie der Wissenschaften und Künste) usw., die das Land dem restlichen Europa annähern. Dennoch bringen der Rückschlag in Gestalt des Franzosenkrieges (1808-1814) und die nachfolgende Restauration der absoluten Macht, die allem Neuen und Innovativen ablehnend gegenübersteht, den Fortschritt zum Stillstand, und in ganz Spanien breitet sich wissenschaftliches Desinteresse aus. Die Jahre zwischen 1833 und 1898 sind indessen doch keine verlorene Zeit für Katalonien. Im Gegenteil: Sowohl die *Renaixença* (Wiedergeburt katalanischer Literatur und Kultur), als auch die Industrialisierung bereiten die neue Blüte des einheimischen wissenschaftlichen Geistes vor, die dann in der Bewegung des *Noucentisme,* gleich nach der Jahrhundertwende, sichtbar werden soll.

Der zur Verfügung stehende Platz reicht nicht aus, um an dieser Stelle die Entwicklung der einzelnen Disziplinen Revue passieren zu lassen, noch uns mit dem Werk der geradezu zahllosen Schar von hervorragenden Physikern, Chemikern, Mathematiker oder Naturwissenschaftlern zu befassen, die die Zeit bis zum Spanischen Bürgerkrieg füllen. Auf die wissenschaftliche Aktivität und die Forschung in der Gegenwart werden wir später noch zu sprechen kommen.

EIN VOLK MIT
NATIONALER IDENTITÄT

Die Selbstregierungsinstitutionen:
die *Generalitat de Catalunya*

Die *Assemblea de Catalunya,* in der sich alle politischen Kräfte
des Anti-Franco-Widerstandes zusammenfanden, forderte
1971 die Anerkennung einer eigenen nationalen Identität
des katalanischen Volkes und damit auch dessen Recht auf
Selbstbestimmung seiner Zukunft, ob es in den spanischen
Staat integriert sein wollte oder nicht. Die praktische Umsetzung dieser Forderung erfolgte durch die politischen
Gruppierungen, die in Katalonien eine Mehrheit hinter sich
wußten. Sie wählten den Weg der Verhandlungen, die 1977
zur provisorischen Wiederherstellung der *Generalitat* und
zur Rückkehr des Präsidenten Tarradellas aus dem Exil führten. Am Ende des Verhandlungsprozesses stand eine Formel
der autonomen Selbstverwaltung, wie sie die 1978 in Kraft
getretene Spanische Verfassung auch für andere Teile des
Staatsgebietes vorsah, das nun in Autonome Gemeinschaften gegliedert wurde.

Das Autonomiestatut für Katalonien (1979) ist ein
Staatsgrundgesetz. Es bestimmt die politischen Einrichtungen, auf denen die Selbstverwaltung der katalanischen
Nation fußt. Im einzelnen werden deren Kompetenzen
und auch deren Stellung gegenüber dem spanischen Ges-
amtstaat dargelegt. Alle im Autonomiestatut vorgesehenen
Institutionen zusammen bilden die *Generalitat de Catalunya.*
Erinnern wir uns: Die *Generalitat* ist letztlich keine neugeschaf-
fene Einrichtung, sondern wurde 1359 als Ausschuß der *Corts
Generals Catalanes* (Allgemeine katalanische Ständeversamm-
lung) geschaffen.

Das Palais der Generalitat Kataloniens, Sitz der autonomen katalanischen Regierung ist der bedeutendste mittelalterliche Profanbau in der Hauptstadt Kataloniens. Die ersten Anfänge der Bauarbeiten reichen bis in die frühen Jahre des 15. Jhs. zurück, obschon es später mehrere Erweiterungen gab.

Die *Generalitat* setzt sich wie folgt zusammen: Parlament, Präsident der Generalitat und Exekutivrat oder Regierung. Das katalanische Parlament, das aus 135 Abgeordneten besteht, übt die gesetzgebende Gewalt aus, verabschiedet den Jahreshaushalt und kontrolliert die Regierung. Der Präsident der Generalitat wird durch die Mitglieder des Parlaments gewählt und leitet die Geschäfte der Regierung. Er nimmt die oberste politische Stellung in der Generalitat ein und ist der ordentliche Vertreter des spanischen Staates in Katalonien.

Wie in einer Demokratie üblich, ist er dem Parlament gegenüber politisch verantwortlich. Der *Exekutivrat* oder Regierung besteht aus den *consellers,* die die einzelnen Ministerien *(Departaments)* leiten, und ist das kollegiale Regierungsorgan, dem die Exekutive und die Verwaltung obliegen. Die Zahl der *Departaments* oder Ministerien ist von einer, jeweils vierjährigen, Legislaturperiode zur anderen unterschiedlich, bewegt sich aber meist um die zwölf. Daneben gibt es aber auch noch weitere wichtige Staatsorgane: den Beratungsausschuß, den Rechnungshof und den Ombudsmann.

Die tatsächlichen Vollmachten der Generalitat entsprechend dem Autonomiestatut

Nach den Bestimmungen des Autonomiestatuts obliegt der Generalitat de Catalunya die alleinige sowohl legislative als auch exekutive Entscheidungshoheit in einer ganzen Reihe von Bereichen, von denen wir hier einige hervorheben:

• Die Organisation der Institutionen der Selbstverwaltung.
• Die Entfaltung des Bürgerlichen Rechts in Katalonien.
• Die Kultur.
• Das geschichtliche, künstlerische, architektonische, archäologische und wissenschaftliche Erbe, sowie der Denkmalschutz.
• Die Archive, Bibliotheken und Museen.
• Die kommunale Gliederung.

- Städtebau, Straßenbau, Eisenbahnen, See- und Flughäfen.
- Der Fremdenverkehr.
- Der Umgang mit den Wasserreserven.
- Die Kammern für Eigentum, Industrie, Handel und Schiffahrt.
- Sozialfürsorge und Gesundheitswesen.
- Jugendwohlfahrt.
- Die Förderung für Frauen.
- Sport, Freizeit und Veranstaltungen.

Für einige dieser Bereiche gelten naturgemäß die Einschränkungen, die die Spanische Verfassung vorsieht. Es gibt noch einen zweiten Komplex von Kompetenzen, in dem die Generalitat legislative und exekutive Teilfunktionen ausübt. Dazu gehören beispielsweise unter anderem Fragen der Bildung und Erziehung, der Ordnung des Kredit-, Banken- und Versicherungswesens, Bodenschätze und Energiehaushalt, sowie der Umweltschutz.

Wissenswert ist auch, daß die Generalitat de Catalunya die praktische Umsetzung internationaler Verträge und Abkommen zu gewährleisten hat, sofern deren Gegenstand ihre Zuständigkeit berührt. Andererseits kann die Generalitat in den ihr ausschließlich obliegenden Fragen mit anderen Autonomen Regionen Spaniens Vereinbarungen treffen. Zusammenfassend ist festzustellen, daß Katalonien eine Reihe tatsächlicher Vollmachten besitzt, jedoch noch weit von dem Grad der Selbstverwaltung und -regierung entfernt ist, den es sich wünscht und der ihm angesichts seiner nationalen Identität zusteht.

Die Finanzierung der Generalitat

Damit die Selbstregierung auch wahrhaft wirksam werden kann, bedarf es der nötigen Finanzmittel, die eine politische und administrative Autonomie durchführbar machen. Das Finanzierungssystem, nach dem Katalonien arbeitet, ist das durch den spanischen Staat für das Jahrfünft 1987-1991 verabschiedete, das später, Anfang 1992, durch den Beschluß des *Consell de Política Fiscal i Financera (Rat für Fiskal- und Finanzpolitik)* geändert wurde.

Allerdings beschloß dieser Rat in jüngerer Zeit, nämlich im Oktober 1993, den siebzehn Autonomen Gemeinschaften des Gesamtstaates 15 % des Ergebnisses der Erhebung der Einkommenssteuer (IRPF) abzutreten. Diese Abtretung stellt eine eindeutige Anwendung des Prinzips der geteilten fiskalischen Verantwortung.

Letztlich wird also die Verfügung über 15 % des IRPF ab 1995 das wichtigste Kapitel der Finanzen der Generalitat sein. Weitere Finanzierungsquellen der katalanischen Autonomieverwaltung sind:

• Das Ergebnis der durch den Staat abgetretenen Abgaben
• Eigene Steuern, öffentliche Gebühren und besondere Beiträgen.
• Eventuell auf Steuern des Staates festzulegende Aufschläge.
• Anteile an den Staatseinnahmen.
• In den Allgemeinen Haushalten des Staates festzulegende Zuweisungen.
• Das Ergebnis der Kreditgeschäfte.
• Die Einnahmen aus dem Vermögen der Generalitat und sonstige privatrechtliche Einnahmen.
• Das Ergebnis von Bußgeldern und Geldstrafen, die im Geltungsbereich ihrer Kompetenz anfallen.

Das heute gültige Finanzierungssystem der Generalitat ist letztlich zu sehr abhängig vom Willen der Zentralregierung, die über die Steuerhoheit verfügt. Dies bedeutet jedoch nicht, daß die Generalitat in nicht zu ferner Zukunft als Ergebnis von politischen Verhandlungen neue, höhere Quoten der Finanz- und Steuerautonomie aushandeln kann, die zu mehr Selbstregierung führen.

Die politischen Parteien und die Gewerkschaften

Die politischen Parteien

Katalonien hatte seit jeher politische Parteien, die auf seinem Boden entstanden waren und ihre Leitung in der Hauptstadt, Barcelona, angesiedelt hatten. Dies geht so weit, daß gegenwärtig von den fünf politischen Gruppierungen, die im Parlament Kataloniens vertreten sind, nur eine ihren Ursprung und ihre höchsten Führungsgremien in Madrid hat.

Andererseits kommt in Katalonien zu den ideologischen Unterschieden, wie sie zwischen den Parteien jedes demokratischen Landes üblich sind, noch die, mehr oder minder ausgeprägte, nationalistische Komponente oder Forderung nach eigenständigen Rechten Kataloniens hinzu. Sicherlich macht dieses Element es verständlich, daß in Katalonien eine andere Partei an der Regierung ist als in Spanien.

Das *Parlament de Catalunya* setzt sich aus Abgeordneten von fünf verschiedenen Gruppierungen (oder Koalitionen) zusammen, die im allgemeinen auch im gesamtspanischen Parlament mit nicht immer gleichen Wahlergebnissen vertreten sind. Die im *Parlament de Catalunya* vertretenen politischen Parteien sind:

Convergència Democràtica de Catalunya» (CDC). Dies ist eine im Jahre 1974 gegründete Gruppierung. Convergència Democràtica ist eine klassenübergreifende katalanisch-nationalistische Partei, der es gelungen ist, grundverschiedene Gesellschaftsschichten anzusprechen. Aus den fünf bisher abgehaltenen Wahlen, 1980, 1984, 1988, 1992 und 1995 ist sie in einer Koalition mit Unió Democràtica de Catalunya als Wahlsieger hervorgegangen. Die Kürzel dieser Koalition sind CiU (Convergència i Unió).

Unió Democràtica de Catalunya (UDC). Dies ist eine christlich demokratische Partei, die 1931 gegründet wurde. Sie ist katalanisch-nationalistisch und eindeutig von einem wachsamen Humanismus in bezug auf die soziale Gerechtigkeit geprägt. Zu den Wahlen zum Katalanischen Parlament ist sie in einer Koalition mit Convergència Democràtica angetreten und war an den verschiedenen Regierungen der letzten fünf Legislaturperioden (1980, 1984, 1988, 1992 und 1995) beteiligt.

Partit Socialista de Catalunya (PSC-PSOE). Diese 1978 aus dem Zusammenschluß verschiedener Zweige des katalanischen Sozialismus hervorgegangene Partei ging mit der PSOE (Partido Socialista Obrero Español), ein Bündnis ein. In Katalonien ist die PSC die erste politische Oppositionskraft gegenüber der regierenden Koalition (CiU).

Esquerra Republicana de Catalunya (ERC) ist eine historische Gruppierung, die 1931 durch den berühmten Präsidenten Kataloniens, Francesc Macià, gegründet wurde. Zu Zeiten der republikanischen Generalitat vor dem Bürgerkrieg (1936-1939) war sie eine politische Mehrheitskraft. Sie vertritt einen radikalen Nationalismus, dessen

Fassade des Parlaments von Katalonien. Das im 18. Jh. errichtete Gebäude wurde verschiedentlich umgebaut. Im Vordergrund die Plastik Desconsol (Trostlosigkeit) von Josep Llimona.

Blick auf die Ehrentreppe, die von der im Erdgeschoß gelegenen Eingangshalle zum Ehrenfoyer im Obergeschoß des Parlamentspalais führt.

Ziel die Unabhängigkeit Kataloniens ist.

Iniciativa per Catalunya (IC). Dies ist ein stabiles Bündnis aus dem Partit Socialista Unificat de Catalunya (PSUC), der Entesa dels Nacionalistes d'Esquerra und Unabhängigen. Als Erbin der Einheitstradition der PSUC hat sie in ihren Organisationsformen verschiedene Strömungen des Kommunismus, des Sozialismus, des Nationalismus, der ökologischen Bewegung und des demokratischen Radikalismus. IC bildet ein Bündnis mit ihrem Pendant auf gesamtspanischer Ebene, Izquierda Unida (IU).

Partido Popular (PP). Dies ist die einzige Partei mit Vertretung im *Parlament de Catalunya,* die ihre Führung zentral in Madrid angesiedelt hat, wo sie 1976 unter der Bezeichnung Alianza Popular gegründet wurde. Sie ist die bedeutendste Gruppierung der spanischen politischen Rechten.

Gewerkschaften

In bezug auf die Arbeitnehmerorganisationen ist zu sagen, daß die beiden bedeutendsten Gliederungen der großen in ganz Spanien wirkenden Zentralen sind: Comissions Obreres, mit kommunistischer Ausrichtung, und Unió General dels Treballadors, in der die sozialistische Grundhaltung vorherrscht. Hinzu kommen die Confederació General del Treball (CNT), die Nachfolgeorganisation der alten anarchistischen Gewerkschaft. Es gibt eigene katalanische Gewerkschaften, wie beispielsweise die Confederació Sindical de Catalunya, deren Mitgliederzahl jedoch eher gering ist.

Arbeitgebervereinigungen

Unter den Arbeitgebervereinigungen sticht vor allem das *Foment del Treball Nacional* hervor, das 1889 gegründet wurde und zu Zeiten der Franco-Diktatur unter dem Deckmantel eines Studiendienstes geduldet war. Es sei darauf hingewiesen, daß diese Organisation die treibende Kraft der *Confederación Española de Organizaciones Empresariales,* der großen spanischen Arbeitgebervereinigung unserer Tage war.

Im Inneren des Parlaments von Katalonien: Halbrund, in dem die Sitzungen der Gesetzgebungskammer Kataloniens, die aus insgesamt 135 Abgeordneten besteht, stattfinden.

ERZIEHUNG, WISSENSCHAFT UND KULTUR

Erziehung im europäischen Rahmen

Das Jahr 1995 stellt den Anfang der neuen europäischen Programme auf dem Gebiet der Erziehung und der beruflichen Bildung dar. Von diesem Jahr 1995 an sind folgende Programme vorgesehen: Sokrates, Leonardo und Jugend für Europa III, die dazu dienen sollen, die bereits erzielten Verbesserungen zu festigen und Antworten auf die neuen Erfordernisse einer Union aus 15 Ländern zu bieten, die ein breites erzieherisches Spektrum bieten.

Die neuen Programme fußen auf dem Vertrag von Maastricht vom 1. November 1993. Die globalen Ziele der neuen Programme heben vor allem darauf ab, beim Zugang zu einer qualitativ hochwertigen Erziehung und beruflichen Bildung Hilfestellung zu geben, Innovationspotential und -fähigkeit unserer Erziehungssysteme zu verstärken und die Einbeziehung der neuen Generationen in die soziale Entwicklung und in den Bau Europas zu fördern. Hinter diesen Globalzielen steht der Wille zur Anregung zum gegenseitigen Kennenlernen zwischen den Systemen der Erziehung und beruflichen Bildung in Europa, um dadurch den Jugendlichen die Mobilität während ihrer Berufsausbildung und in ihrem späteren Berufsleben zu erleichtern.

Um Katalonien an das Niveau der Europäischen Gemeinschaft heranzuführen, wurden Informationstechniken in das Erziehungswesen eingeführt.

Bereits seit längerer Zeit fügen diverse Zentren in Katalonien die europäische Dimension in ihre Aktivitäten ein. Sie tun dies auf reichhaltige und vielfältige Art und Wei-

se, indem sie telematische Netze aufbauen, thematische Netze schaffen oder durch bi- oder multilaterale Austauschprogramme. Die Regierung Kataloniens betreibt mittels ihrem Büro für Zusammenarbeit in Erziehung und Wissenschaft *(Oficina de Cooperació Educativa i Científica)* mit der EU die europäischen Schul-Austauschprogramme. Sie organisiert Austausch- und Hospitationsprogramme für Primar- und Sekundarstufenlehrer und für Erziehungsfachleute im Rahmen des Arion-Programms. Sie informiert auch über didaktisch unterstütztes Material zur Einführung Europas in der Schule. All diese Aktivitäten machen Katalonien zu einer der europäischen Regionen mit der größten Dynamik in Sachen Zusammenarbeit auf dem Gebiet der Erziehung.

Forschung und wissenschaftliche Aktivität

Es ist praktisch unmöglich, in wenigen Zeilen die Entwicklung der einzelnen Wissenschaftszweige im heutigen Katalonien zu beschreiben. Zunächst muß festgestellt werden, daß die Abhängigkeit, unter der das Land litt, weil das frühere diktatorische Regime für die Forschung nur mäßige Budgets bereitstellte, alles andere als begünstigend für die Begabungen und auf die wissenschaftliche Aktivität in Katalonien wirkte.

Trotz alledem müssen wir einige Persönlichkeiten erwähnen, die sich, in- oder außerhalb Kataloniens, durch beachtliche Beiträge zu ihrem jeweiligen Fachgebiet hervorgetan haben. Einige von diesen hatten ihren Weg bereits vor dem Spanischen Bürgerkrieg (1936-1939) eingeschlagen. Ignasi Barraquer, einer der Initiatoren der neuen katalanischen Schule für Augenheilkunde und Erfinder eines Verfahrens zur Extraktion des Glaskörpers; Francesc

Duran i Reynals, ein medizinischer Forscher von Weltruhm wegen seiner Arbeiten auf dem Gebiet der viralen Ätiologie des Krebses; Josep Trueta, ein Chirurg, der ein Verfahren zur Behandlung offener Knochenbrüche entwickelte und damit im Zweiten Weltkrieg Tausenden das Leben rettete; Josep Lluís Sert, als Architekt und Städteplaner war er die Integrationsfigur der europäischen rationalistischen Bewegung mit mediterranen Wurzeln. Unter den zeitgenössischen Wissenschaftlern ragt Joan Oró hervor, der weltweit erste Forscher,

Ignasi Barraquer, Augenarzt; Francesc Duran i Reynals, medizinischer Forscher; Josep Trueta, Chirurg; und Josep Lluís Sert, Architekt und Städtebauer.

dem die Synthese des Adenin gelang, einer Grundlage für zahlreiche biochemisch höchst wichtige Substanzen.

In den letzten Jahren hat sich unter demokratischen Verhältnissen die Lage der Forschung in Katalonien unbestreitbar gebessert. In diesem Sinne sind im Bereich der privaten Unternehmen zahlreiche sektorielle Initiativen zu nennen, die von der Industrie ausgehen und häufig durch multinationale wirtschaftliche Interessen gestützt werden. Sie sind allerdings schwer zu bewerten.

Im öffentlichen Bereich ist die Regierung Kataloniens auf unvorhergesehene Schwierigkeiten bei der Begründung und Entwicklung einer eigenen Forschungspolitik gestoßen. Das Autonomiestatut von 1979 räumte Katalonien ausschließliche Kompetenzen im Bereich Forschung ein. In der Praxis war allerdings die jüngere spanische Gesetzgebung, die größeres Augenmerk auf die Förderung und allgemeine Koordinierung der wissenschaftlichen und technischen Forschung im gesamtspanischen Maßstab richtete, als auf die den autonomen Körperschaften eingeräumten Kompetenzen, einer tatsächlich souveränen katalanischen Politik auf dem Gebiet der Forschung kaum förderlich.

Dennoch hat die Generalitat, indem sie eigene Mittel einsetzte, ein eigenes Forschungsprojekt aufgelegt. Ein Projekt, das zudem, über ein Konsortium, die personellen und finanziellen Möglichkeiten nutzt, über die die in Katalonien tätigen Institute des Obersten Forschungsrates (CSIC) der Zentralregierung verfügen.

«In vitro»-Zuchtkammer in der Abteilung für Pflanzengenetik des Instituts für Forschung und Technologie in Landwirtschaft und Ernährung (IRTA) in der Ortschaft Cambrils.

Die Regierung Kataloniens führt ihre eigene Wissenschafts- und Forschungspolitik über die Ministeriumsübergreifende Kommission für Forschung und Technologische Innovation (CIRIT) aus. Diese Kommission erarbeitet, plant und koordiniert in diesem Bereich das Vorgehen der einzelnen Ministerien der Generalitat. Auf dem ihm eigenen Feld arbeitet das Institut für Lebensmittelforschung (IRTA), das dem Ministerium für Landwirtschaft, Viehzucht und Fischerei der Generalitat untersteht, während die Förderung von Tätigkeiten im Bereich Forschung, Innovation und industrieller Organisation sowie im Bereich Technologietransfer von der Regierung Kataloniens dem Zentrum für Unternehmensinformation und Dokumentation (CIDEM) zugewiesen wurde.

Neben diesen direkt der Generalitat unterstehenden Organismen gibt es in Katalonien noch weitere öffentliche Forschungszentren, unter denen wir die verschiedenen Universitäten hervorheben müssen, dazu insgesamt die zum CSIC gehörenden Zentren und einige Krankenhäuser, die eine wichtige Forschungsaufgabe im Gesundheitsbereich erfüllen, wie etwa das in Bellvitge (Barcelona) oder das Santa Creu i Sant Pau auf dem Gebiet der Krebsforschung, das letztgenannte übrigens unter Federführung der Fundació Pi Sunyer, sowie das Institut d'Estudis Catalans, dessen Forschungsförderung sich auf zahlreiche Fachgebiete erstreckt.

Dank der Zusammenarbeit zwischen einzelnen Ministerien der katalanischen Regierung und diversen Universitäten kam es 1987 zur Gründung des Zentrums für Ökologische Forschung und Forstwirtschaftliche Anwendungen (CREAF), das auf Aspekte der Verbesserung der forstwirtschaftlichen Produktion, Betreuung und Schutz des Lebens in der Wildnis, Kontrolle und Überwachung der Auswirkungen von Verschmutzung, Waldbränden und sonstigen Störungen der terrestrischen Ökosysteme spezialisiert ist. Und 1991 entstand das Institut für Hochenergiephysik (IFAE) zur Förderung der Forschung auf diesem Gebiet, welches aus einem Konsortium der Generalitat Kataloniens mit der Universität Barcelona hervorging.

Zur Mitwirkung an der Ausführung der Vorgaben der katalanischen Regierung auf diesem Feld wurde Ende der achtziger Jahre die Stiftung *Fundació Catalana per a la Recerca* ins Leben gerufen, deren Ziel es ist, das Zusammenwirken von Initiativen zur Unterstützung der Forschung, Anregung zur wissenschaftlichen und technischen Forschungstätigkeit, die von interessierten Einzelpersonen oder Einrichtungen ausgehen und inspiriert sind von dem Grundprinzip einer breiten Sicht der Wissenschaft im Dienste des Menschen. Die Gründung dieser logistischen Struktur zur Unterstützung macht es möglich, daß sowohl Einrichtungen der öffentlichen Hand wie auch private sich einer globalen Strategie verschreiben und mit den nötigen Hilfestellungen rechnen können.

Die erwähnte Stiftung hat zur Gründung einer Vorreitereinrichtung geführt. Es handelt sich um das Zentrum

für Supercomputertechnik Kataloniens (CESCA), das erste
katalanische Organ, das ausschließlich dazu da ist, Hochlei-
stungsrechnerressourcen und Verbindungskapazität zu den
internationalen Supercomputernetzen bereitzustellen. Sein
Potential kommt der gesamten wissenschaftlichen und technischen Gemeinschaft, sowohl im öffentlichen als auch im
privaten Bereich zugute.

Die kulturelle Lage in Katalonien heute

Nach Würdigung der katalanischen Kultur unter historischen Gesichtspunkten ist es unerläßlich, auch die Gegenwart zu beleuchten. Wir wollen nicht leugnen, daß unsere
Kultur eine derjenigen ist, die, wie die so vieler anderer
westlicher Industrieländer, einen Prozeß der Krise, des
Überganges, der neuen Selbstfindung und der Neudefinition
ihrer Identität durchlaufen.

Angesichts einer neuen Situation sehr großer Fluktua-
tion, wie sie aus der weltumspannenden Verbreitung der
Informationen, der Lebensmuster, der Werte, der gesellschaftlichen Bräuche und Gewohnheiten und der Verhal-
tensmaßstäbe resultiert, muß jede Kultur für sich ihren
Standort neu bestimmen und ihre Anpassungsfähigkeit
ausspielen.

Über diese Abhängigkeiten hinaus, die die Entwicklung
der Zeit, in der wir leben, mit sich bringt, sieht sich die katalanische Kultur noch zwei weiteren starken Einfluß-
sphären ausgesetzt. Einmal handelt es sich um eine natur-
und strukturbedingte Gegebenheit, die sie mit anderen
Kulturen teilt, und die zweite erlebt sie alleine, sie ist wi-
dernatürlich. Die erstgenannte ergibt sich aus ihrer geopo-
litischen Lage in Europa, wo mehrere Kulturen zusammentreffen, von denen einige eine starke Expansionskraft an

den Tag legen. Im zweiten Fall muß man jedoch eher von einer regelrechten Knechtung denn von einer Abhängigkeit sprechen; sie ergibt sich daraus, daß die katalanische Kultur auf ein und demselben Staatsgebiet mit der kastilischen zusammenleben muß. Wir sollten nicht vergessen, daß die katalanische Kultur zu einer Nation gehört, die im 17. Jh. ihre volle Souveränität verlor.

Ungeachtet der Abhängigkeiten und Knechtungen ist die katalanische Kultur nach wie vor bestrebt, ihren Zerfall zu verhindern, zu überleben, sich eine Zukunftsperspektive zu geben. Um dies zu bewerkstelligen, wird sie sich ab sofort mehr Vitalität, mehr Dynamik und mehr Durchsetzungsvermögen in allen gesellschaftlichen Schichten zulegen müssen. Zugleich wird sie die Fähigkeit haben müssen, unter den kulturellen Gütern und Diensten auswählen zu können, die dank der großen Massenkommunikationsmedien im Umlauf sind, und zu bestimmen, welche davon wie an die Erfordernisse einer im Wiederaufbau befindlichen nationalen Identität angepaßt werden können.

Die Literatur

Bei der Beleuchtung der Vergangenheit haben wir einige der herausragenden Gestalten der katalanischsprachigen Literatur teilweise längst vergangener Zeiten beschworen. Wir haben auch an die Schriftsteller erinnert, die nach dem Spanischen Bürgerkrieg (1936-1939) inmitten eines Klimas der diktatorischen Unterdrückung hervortraten.

Man kann feststellen, daß trotz der Existenz einer politischen Zensur, die bestimmten Ausdrucksformen regelrecht die Hände band, die katalanische Literatur der letzten dreißig Jahre in die Gesamtheit der Literaturen der kulturell dynamischen europäischen Länder eingereiht werden kann.

Es gibt demnach eine Produktion, die sich in verschiedenen literarischen Gattungen abspielt und beispielsweise im Bereich der Erzählprosa vielfältige Richtungen einschlägt: Erzählprosa mit historischem Hintergrund, fiktionale Erzählprosa, strukturelle und formale Experimentierprosa usw.

Ein Überblick, wie ihn dieses Buch liefern will, ist ständig in Gefahr, ungerecht zu sein, wesentliches geringzuschätzen oder zu vergessen. Dennoch müssen hier wenigstens einige der Autoren aufgeführt werden, die zu unserem kulturellen Alltag gehören.

Solches gilt für Josep M. Espinàs, Jordi Sarsanedas, Baltasar Porcel, Emili Teixidor, Josep Vallverdú, Maria Aurèlia Capmany oder Miquel Àngel Riera. Erwähnenswert, weil Werke von ihnen aus dem Katalanischen in andere Sprachen übersetzt wurden, sind Víctor Mora, Lluís Racionero, Joan Perucho, Teresa Pàmies oder Manuel de Seabra. In der Nachfolge dieser Gruppe stehen unter dem Etikett «Generation der 70er Jahre», denn in diesem Jahrzehnt traten sie als Schriftsteller in Erscheinung, bereits etablierte Namen wie Robert Saladrigas, Jaume Fuster, Isidre Grau, Isabel-Clara Simó, Oriol Pi de Cabanyes, Joaquim Soler, Joaquim Carbó, Gabriel Janer i Manila, Josep Albanell, Joan Rendé, Marta Pessarrodona, Oriol Vergés, Xavier Bru de Sala, um nur einige wenige aufzuzählen. Zur gleichen Gruppe gehören Pere Gimferrer, Montserrat Roig, Terenci Moix, Maria Antònia Oliver, oder Carme Riera, die vielleicht am meisten in andere Sprachen übersetzten Autoren.

Man könnte bereits eine lange Liste von, jungen und weniger jungen, Autoren aufstellen, die in den 80er Jahren ans Licht der Öffentlichkeit traten: Olga Xirinacs, Valentí Puig, Vicenç Villatoro, Ferran Torrent, Àlex Susanna,

Gemma Lienas, M. Mercè Roca, Maria Pau Janer. Einige von diesen, Jaume Cabré, Quim Monzó oder Sergi Pàmies, können bereits mit übersetzten Werken aufwarten. Manche dieser Schriftsteller haben ihr literarisches Schaffen

 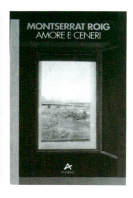 

Eines der Hauptmerkmale der achtziger Jahre war die Zunahme der Übersetzungen katalanischer literarischer Werke in andere Sprachen.

teilweise den jüngeren Menschen gewidmet. Die Kinder- und Jugendliteratur hat ein beachtliches Niveau erreicht, und sie wird noch gestärkt durch die Mitarbeit hervorragender Illustratoren.

Die Schriftsteller, die wir jeweils aufgezählt haben, gehören nicht nur zu Katalonien, sondern zu allen Gegenden auf der Landkarte, in denen die katalanische Sprache ihre natürliche Verbreitung hat.

Andererseits hat Katalonien auch eine ganze Reihe von Autoren aufzuweisen, die sich seit unmittelbar nach dem Bürgerkrieg bis in unsere Tage im wesentlichen auf das literarische Schaffen in spanischer Sprache verlegt haben. In den fünfziger und sechziger Jahren machte bereits das Werk von Autoren wie José María Gironella, Luis Romero oder Ana María Matute von sich reden. Später kamen noch weitere bemerkenswerte Namen hinzu: Carlos Barral, Jaime Gil de Biedma, Juan Marsé, Eduardo Mendoza, Juan Goytisolo, Manuel Vázquez Montalbán, Luis Goytisolo, Josep M. Ca-

randell, Félix de Azúa, Francesc Candel, González Ledesma
oder José Luis Giménez Frontín.

Die Medien

Es ist nicht einfach, zu ermessen, wie schwerwiegend die
Folgen der diktatorischen Politik des Franco-Regimes,
die sich die Verwüstung und Ausrottung der katalanischen Sprache und Kultur zum Ziel gesetzt hatte, in
ihrer ganzen Tragweite waren. Tatsächlich kam es, entge-
gen der Vorhersagen der Unterdrücker, mit der Wiedereinführung der Demokratie zu einem beachtlichen
Wiederaufleben im Bereich der Presse und der übrigen
Medien in katalanischer Sprache.

*Derzeit gibt es in
Katalonien ein
flächendeckendes
Netz von zweihundert
katalanischsprachigen
Periodika mit
unterschiedlichen
Erscheinungsintervallen,
wobei die Tageszeitungen
nicht mitgerechnet sind.*

Zur Zeit gibt es in Katalonien mehrere Tageszeitungen in katalanischer Sprache: *Avui, El Punt, Nou Diari de Lleida, Diari de Girona, Nou Diari de Tarragona, Nou Diari de Reus, Diari de Sabadell* und *Diari de Terrassa*. Da sie ebenfalls fast täglich erscheinen, werden auch *Regió 7* und *El 9 Nou* zu den Tageszeitungen gezählt. Im Laufe der letzten Jahre hat sich die im País Valencià erscheinende Wochenzeitschrift *El Temps* als die dauerhafteste erwiesen. Wöchentlich erscheint in einigen Lokalzeitungen die Zeitschrift *Presència* als Beilage, und unter den Monatsheften, ragen die *Revista de Catalunya, Cultura* und *Serra d'Or* hervor.

Auch im Bereich des Rundfunks brachte die zurückgewonnene Autonomie dem Land neue Möglichkeiten, katalanischsprachige Sendeanstalten zu gründen. *Catalunya Ràdio, Ràdio Associació* und *Catalunya Música* sind zwei öffentlich-rechtliche Sender im Aufwind. Der erstgenannte erreicht inzwischen täglich rund eine Million Hörer in ganz Katalonien. Daneben sind unbedingt noch die rund zehn Sender zu nennen, die zur *Cadena Nova* gehören und über das gesamte Land verstreut sind. Eine der Rundfunkanstalten, die der spanischen Regierung unterstehen, *Ràdio 4,* gestaltet ihr Programm ebenfalls in katalanischer Sprache.

Nach Eintritt in die Zeit der demokratischen Freiheiten, 1976, wurde die Schaffung eines der unentbehrlichsten Werkzeuge für eine gesellschaftliche Wiederbelebung der eigenen Sprache Kataloniens möglich. 1983 wurde die Fernsehanstalt *Televisió de Catalunya TV 3* geschaf-

Televisió de Catalunya, S.A.

Die 1983 erfolgte Gründung von TV3, einem Fernsehprogramm, das ausschließlich in katalanischer Sprache sendet, war von entscheidender Bedeutung für die Belange der sprachlichen Normalisierung.

fen. Nahezu gleichzeitig begann *Televisión Española* damit, in seinem zweiten Programm einen beträchtlichen Teil der Sendungen in katalanischer Sprache auszustrahlen. In noch jüngerer Zeit, nämlich 1989, kam mit *Canal 33* noch ein weiteres Sprach- und Kommunikationsmittel hinzu, das die normale Entwicklung der katalanischen Nation begünstigt.

Katalonien verfügt bereits seit es Presse gibt auch über eine bedeutende spanischsprachige Presse, die in Barcelona erscheint und im ganzen Land eine beachtliche Verbreitung findet. An ihrer Spitze *La Vanguardia,* eine über hundertjährige Tageszeitung, und *El Periódico de Catalunya,* der es innerhalb weniger Jahre gelungen ist, sich einen festen Platz in der Presselandschaft zu sichern. Unter den Tageszeitungen, die auch in Katalonien Verbreitung finden, ihren Hauptsitz jedoch außerhalb unserer Grenzen haben, müssen wir *El País* erwähnen. Sie hat eine Redaktion in Barcelona und gibt täglich *El País Cataluña* als Teil der allgemeinen Ausgabe heraus, und wöchentlich erscheint eine katalanischsprachige Beilage mit dem Titel «Quadern de Cultura».

Es ist unmöglich, die Wochen- und Monatszeitschriften in spanischer Sprache, die in Katalonien erscheinen, einzeln aufzuzählen, aber es sind Dutzende.

Einige Rundfunkanstalten senden im allgemeinen in spanischer Sprache, gestalten jedoch bestimmte Sendungen auf katalanisch, andere verwenden nur das Spanische. Die privaten Fernsehsender, die in jüngerer Zeit aufgekommen sind und im gesamten spanischen Staatsgebiet empfangen werden, strahlen noch keine Sendungen in katalanischer Sprache aus. Dieser Umstand verzögert zwangsläufig die Erholung des Katalanischen im öffentlichen Leben.

Die Verlagsproduktion

Katalonien war historisch gesehen seit jeher ein Land, das als guter Buchproduzent gelten kann. Barcelona ist heute noch eine der europäischen Verlagshauptstädte mit der größten Dynamik. Hier sind gut und gerne zweihundert Verlagsgesellschaften und eine erhebliche Zahl an Druckbetrieben tätig, die für die ganze Welt arbeiten. Dennoch kam es in den letzten Jahren zu einem Prozeß von Zusammenschlüssen und Konzentrationen im Verlagswesen.

Was die Verlagsproduktion in katalanischer Sprache angeht, kann man gegenwärtig eine sehr positive Entwicklung verzeichnen, deren Ausgangspunkt, wie dies auch bei anderen Aspekten der Kultur der Fall ist, der Eintritt in demokratische Verhältnisse war. In den letzten fünfzehn Jahren hat das katalanische Buch ein spektakuläres Wachstum verzeichnet: Von den 791 Titeln, die 1976 aufgelegt wurden, ist man auf 5.281 im Jahre 1994 gekommen. Diese Zahl bedeutet, daß die katalanischsprachigen Ausgaben rund 10 % der in ganz Spanien veröffentlichten Titel ausmachen.

Katalonien, insbesondere seine Hauptstadt Barcelona, stand und steht an der Spitze bei der Buchproduktion, sowohl in katalanischer als auch in spanischer Sprache.

Vergleichen wir diese Zahlen mit denen, die das Verlagswesen in europäischen Sprachen mit vergleichbaren Bevölkerungszahlen aufweist, so stellen wir fest, daß die Veröffentlichungen in katalanischer Sprache die in irischer übertreffen, der in norwegischer gleichkommen und nicht weit entfernt von der in griechischer oder rumänischer liegen.

Hier ist nicht der Ort, um eine Detailanalyse der thematischen Richtungen der katalanischen Buchproduktion vorzunehmen. Wir wollen lediglich festhalten, daß die höchsten Zahlen auf das Lehrbuch entfallen, gefolgt von der Literatur, dem Kinder- und Jugendbuch, den Gesellschaftswissenschaften, dem technischen und wissenschaftlichen Fachbuch, der Geschichte und den Biographien.

Obwohl das Katalanische die eigene Sprache des Landes ist, war Katalonien aufgrund seiner kulturellen Dynamik bereits seit Einführung des Buchdrucks der unbestreitbare Vorreiter auch in der Produktion spanischsprachiger Bücher. Vor allem Barcelona hielt stets unablässig seine Stellung als Motor der spanischsprachigen Verlagstätigkeit. Derzeit werden allein in Barcelona über 35 % der Bücher produziert, die in dieser Sprache auf den Markt gelangen.

Autoren, Verleger, Designer, Drucker und Illustratoren tragen zur ständigen Steigerung der technischen Perfektion und ästhetischen Erneuerung des Buches bei. Diese beiden Gesichtspunkte sind von entscheidender Bedeutung für die Außenwirkung des in Katalonien hergestellten Buches überall in der Welt.

Das Theater

Auch das Theater konnte in den letzten fünfundzwanzig Jahren die unter dem Druck der Franco-Diktatur in der Zeit unmittelbar nach dem Bürgerkrieg verlorene Würde zurückgewinnen. Im Sinne einer Gesamtbilanz kann man durchaus sagen, daß das Theater in Katalonien heute modern ist, auf hohem professionellem Niveau steht und sich freigemacht hat vom vulgären Ballast billiger Schmierenkommerzialität. Den glücklichsten Augenblick müssen wir in den letzten zehn Jahren ansiedeln, in denen eine Reihe von Ensembles, wie etwa Els Comediants, Els Joglars, La Fura dels Baus, El Tricicle, Dagoll-Dagom, La Cubana, die bereits in mehreren europäischen Ländern Gastspiele gegeben haben, Fuß gefaßt haben, oder auch ein sogenanntes «Freies Theater» als Muster für ein Repertoire-Theater entstanden ist, und diesem ist es gelungen, ein treues Publikum zu gewinnen, das offen ist für Experimente und ästhetische Perfektion. Zweifellos hat sich die «Heimkehr» eines so hervorragenden Kopfes wie Josep Maria Flotats von der Comédie Française bemerkbar gemacht, aber bereits damals konnte Katalonien mit den Leistungen von Regisseuren wie Lluís Pasqual, Bühnenbildnern wie Fabià Puigserver und einer ganzen Reihe von Schauspielern und Schauspielerinnen aufwarten. Die Anziehungskraft des heutigen katalanischen Theaters wurde dank der Reife geschaffen, die in den letzten fünfzehn Jahren erreicht wurde, aber sie steht auch in der Schuld der Leute von der *Agrupació Dramàtica de Barcelona* oder der *Escola d'Art Dramàtic Adrià Gual,* von denen in den schwierigsten Zeiten (1950-1960) wichtige Impulse ausgingen.

Im Kapitel Theaterautoren gibt es würdige Nachfolger der Vorkriegsautoren Josep M. de Sagarra, Carles Soldevila u.a. Hervorzuheben sind hier Namen wie Josep Maria Benet i Jornet, Sergi Belbel, Jaume Melendres, Josep M. Muñoz Pujol, Josep Palau i Fabre und Jordi Teixidor. Die Gattung Drama wird auch in anderen katalanischsprachigen Ländern mit literarischer Qualität gepflegt, und hier machen Autoren wie Jordi Pere Cerdà im französischen Katalonien oder die Brüder Josep Lluís und Rodolf Sirera im País Valencià auf sich aufmerksam.

In jüngerer Zeit wurde das *Centre Dramàtic de la Generalitat de Catalunya* ins Leben gerufen, das sich um Programme und Produktionen kümmert. Auch ein Projekt «*Teatre Nacional de Catalunya*» ist bereits weit fortgeschritten.

Der Film

Bei einem kurzen Blick in die Vergangenheit ist es nur recht und billig, daran zu erinnern, daß in den sechziger Jahren eine Bewegung aufkam, die unter dem Namen *Escola de Barcelona* (Barceloniner Schule) bekannt wurde, die geprägt war durch avantgardistische Tendenzen und zu der so namhafte Regisseure zählen, wie Pere Portabella, Jacint Esteva oder Vicenç Aranda. Aber bereits davor hatte der katalanische Film zwei Glanzperioden erlebt: Zwischen 1901 und 1914 erreichte die Produktion bereits ein hohes Qualitätsniveau, und zwischen 1914 und 1918 waren in Barcelona die meisten Produktionsgesellschaften Spaniens angesiedelt. Noch früher stoßen wir auf eine herausragende Persönlichkeit: Fructuós Gelabert, bereits 1897 Schöpfer verschiedener Filmaufnahmen und Regisseur einiger Streifen.

Was die jüngste katalanische Filmproduktion angeht, müssen die Titel einer Reihe herausragender Filme und deren jeweilige Regisseure hier aufgezählt werden: *La Plaça del Diamant* (Francesc Betriu), *La ciutat cremada* (Antoni Ribas), *Companys, procés a Catalunya* (Josep M. Forn), *La llegenda del timbaler del Bruc* (Jordi Grau), *La ràdio folla* (Francesc Bellmunt), *El vicari d'Olot* (Ventura Pons), *La senyora* (Jordi Cadena), *Som i serem* (Jordi Feliu), *Laia* (Vicenç Lluch), *Bilbao* (Bigas Luna). Unter den Produzenten und zugleich Förderern des Films in katalanischer Sprache ragen die Namen von Coromina i Duran hervor. Und Pere Portabella, der auf eine lange, hervorragende Karriere als Regisseur und Drehbuchautor zurückblicken kann. 1975 wurde das *Institut del Cinema Català* (Katalanisches Filminstitut) gegründet, dem gleichfalls zahlreiche Produktionen zu verdanken sind.

Berücksichtigen wir neben dem katalanischsprachigen Film auch die Kinoproduktion in spanischer Sprache, so ist der Werdegang mindestens dreier Regisseure erwähnenswert: Camino, Aranda und Rovira Beleta, die seit den sechziger Jahren arbeiten und ein Filmschaffen vorzuweisen haben, das sich im wesentlichen mit der Untersuchung der realen Verhältnisse im Lande beschäftigt und Zeugnis über die Problematik verschiedener sozialer Schichten liefert.

Die Musik

Gut vertreten ist in Katalonien die symphonische Musik durch das *Orquestra Simfònica de Barcelona i Nacional de Catalunya* und das *Orquestra del Liceu.* In jüngerer Zeit sind neue Klangkörper hinzugekommen: das *Orquestra Simfònica del Vallès* und das *Orquestra del Teatre Lliure.* Im Bereich der Kammermusik sind die *Solistes de Catalunya* erwähnenswert. Als Komponisten sind erwähnenswert: Frederic Mompou, Albert Blancafort, Robert Gerhard, Xavier Montsalvatge, Carles Santos, Xavier Benguerel, Josep M. Mestres Quadreny und Joan Guinjoan. Als Interpreten Alícia de Larrocha, Gonçal Comellas oder Gerard und Lluís Claret. Unter den Dirigenten, Jordi Savall und Antoni Ros Marbà. Ein Name überstrahlt jedoch alle bisher erwähnten: Pau Casals, der katalanische Cellist, Dirigent und Musikschaffende mit der größten internationalen Bedeutung in unserem Jahrhundert.

In Katalonien, einem Land, das aus Tradition und fortwährender Neigung europäisch war und

Pau Casals, einer der besten Cellisten aller Zeiten, Dirigent und Komponist der Friedenshymne der UN.

ist, finden musikalische Strömungen aus Europa stets gute und schnelle Aufnahme. Diese Durchlässigkeit wirkt sich spürbar auf die Musikszene des Landes aus. Besonders deutlich wird dies an drei unterschiedlichen Strängen des Musikbetriebs: bei der *cançó* (Chanson), beim Jazz und bei der Pop- und Rockmusik. Die cançó, oder *«nova cançó»* («Neues Chanson»), wie sie anfangs bezeichnet wurde, ist ein Genre mit unübersehbaren Parallelen zum französischen Chanson der sechziger Jahre und hat eine erstaunliche Entwicklung durchlaufen: von einer spitzen Waffe im politischen Kampf gegen das Franco-Regime zu einem normalen Medium der ästhetischen und musikalischen Verständigung. Zwangsläufig steht die katalanische cançó derzeit in offener Konkurrenz zur weltweiten Produktion dieses Genres, die sich häufig auf starke multinationale Apparate stützen kann. Trotz alledem kann man nicht behaupten, daß sie aus Mangel an Qualität oder Rückstand in technischer bzw. künstlerischer Hinsicht ins Hintertreffen geraten wäre. Eine ganze Reihe von Berufssängern beweisen dies: Raimon, Joan Manuel Serrat, Lluís Llach, Marina Rossell, Núria Feliu, Maria del Mar Bonet, um nur einige Namen beispielhaft hervorzuheben.

Was den Jazz angeht, darf das hohe Niveau der jungen Interpreten nicht unerwähnt bleiben, wenn auch die Lokale, die diese Musikrichtung pflegen, dünn gesät sind. Erwähnenswert ist auch eine in unserem Land bisher ungekannte Erscheinung: der beachtliche Zustrom junger Musiker in die Jazzschulen. Der Jazz in Katalonien folgt, sowohl im Bereich des Schaffens, wie auch der Interpretation, einer historischen Linie, die sich rühmen darf, mit Namen wie dem von Tete Montoliu aufwarten zu können.

Am deutlichsten wird das pulsierende musikalische Leben Kataloniens vielleicht am Palau de la Música Cata-

lana sichtbar. Dieser in Barcelona gelegene hervorragende Jugendstil-Konzertsaal blickt auf eine neunzigjährige Geschichte zurück.

Ein eigenes Kapitel verdient die Oper in Katalonien. Mit einem großen Theater in Barcelona: dem Liceu, das 1994 ein Raub der Flammen wurde. Es kann mit einer großen Gemeinde von Opernfreunden, deren Ursprünge bis in die Mitte des 19. Jhs. reichen, mit einheimischen Künstlern, die von dem Tenor Francesc Viñas oder Concepció Badia bis zu unseren Zeitgenossen Josep Carreras, Jaume Aragall, Montserrat Caballé oder Victòria dels Àngels reichen, aufwarten.

In Katalonien hat außerdem die Chormusik seit jeher Tradition, mit Hunderten von Gesangvereinen und Chören überall im Lande. Sehr bekannt sind das Orfeó Català, Coral Sant Jordi, Coral Càrmina

oder Coral Cantiga. Zu guter Letzt sei noch die Sardana, der Nationaltanz, erwähnt, der von einem einzigartigen Instrumentalensemble, der cobla, getragen wird.

Die Architektur

Eingeweihte behaupten, daß es in Katalonien ein kollektives architektonisches Unterbewußtsein gibt, ein für den ständigen Fortschritt offenes Klima, das auf eine lange, starke Tradition mit so hervorragenden Gestalten wie Ll. Domènech i Montaner, J. Puig i Cadafalch und den großen A. Gaudí zurückgeht.

Seit den fünfziger Jahren hat die katalanische Architektur dem akademischen Stil den Rücken gekehrt und Einflüsse aus den neuen amerikanischen (Wright) und finnischen (Aalto und Saarinen) bezogen. Den theoretischen Überbau lieferte hier J.M. Sostres. Die Neuerer bildeten die Gruppe R, aus der O. Bohigas und J.M. Coderch herausragen. Zu jener Zeit entstanden in Barcelona Werke, die der Stadt zu Ehre gereichen: der Camp Nou des F.C. Barcelona, von den Architekten Soteras, Mitjans und García-Barbón, das Col·legi d'Arquitectura de Barcelona von Busquets, die Juristische Fakultät, ein Werk von Subias, Giráldez und López Íñigo.

Gebäude der Miró-Stiftung für die Verbreitung der bildenden Künste. Dort ist ein bedeutender Teil des Werkes dieses weltberühmten Katalanen zu besichtigen.

In den sechziger Jahren treten mehrere Stilrichtungen auf, die wir vielleicht in zwei Strömungen zusammenfassen könnten. Auf der einen Seite stehen die Anhänger einer Autonomie der Form, angelehnt an eine empirische Sensibilität, Liebhaber des Realismus, der Einfachheit, der Wiederholung von Elementen, und bisweilen mit symbolischer Absichtlichkeit. Auf der anderen die Architekten der jüngeren Generation, die mehr zu den Neuerungen der sechziger Jahre neigen: architektonisches Design, Städtebau, Achtung vor der Umgebung (Landschaft, Gärten usw.), Respekt vor der Geschichte und der Komposition.

In jüngerer Zeit entwickelt sich die katalanische Architektur entlang der von den verschiedenen Schulen gezeichneten Linien, womit sie im Gegensatz zur Aufsplitterung und zum Individualismus im Bereich der bildenden Künste steht. Es darf nicht vergessen werden, daß Barcelona 1992 Olympiastadt war, und dies verhalf der Architektur in Katalonien zu einem qualitativen Sprung in ihrem Werdegang. Verschiedene katalanische (Correa, Milà, Buxadé, Margarit, Bofill), italienische (Gregotti) und japanische (Isozaki) Architekten bemühten sich, gangbare ästhetische Lösungen für ein Riesenprojekt zu finden, das einen Meilenstein in der Zukunftsentwicklung der Stadt darstellt.

Die bildenden Künste

In dem Abschnitt, der eine Durchsicht der Kulturgeschichte zum Gegenstand hatte, wurden die ganz Großen der bildenden Künste in Katalonien erwähnt, die die ersten Jahrzehnte unseres Jahrhunderts ausfüllen (Picasso, Miró, Dalí). Hinter ihnen steht jedoch eine Fülle von Künstlern, die den Bestand und die Qualität der bildenden Künste in unserem Land belegen.

Libelle, von einer Schlange gejagt. *Reptäsentatives Werk von Joan Miró.*

Die sogenannte zweite Avantgarde, die für Erforschung und Freiheit des künstlerischen Ausdrucks und gegen Akademismus eintritt, ist eine Bewegung, die nach dem Spani-

Dieses Werk des Bildhauers Josep Maria Subirachs an der Barceloniner Diagonal stellt die Ictíneo, das von Narcís Monturiol erfundene Unterseeboot, dar.

schen Bürgerkrieg aufkam. Zu ihr können im Bereich Plastik gezählt werden: Xavier Corberó, Salvador Aulèstia, Moisès Villèlia und Josep Maria Subirachs, wobei dieser letztgenannte wahrscheinlich der international Bekannteste ist. Im Bereich der Malerei sammelte diese Bewegung sich 1948 im Umfeld der Zeitschrift *Dau al Set* und trat rebellisch gegen das kulturelle Klima der Unterdrückung unter der Diktatur des Generals Franco an. Zu den Malern gehören unter anderen Joan Ponç, Antoni Tàpies, Modest Cuixart und Joan-Josep Tharrats. Später dann, in den siebziger Jahren, wehte ein anderer Wind: Neorealismus und kinetische Kunst. Unter den Anhängern der erstgenannten Richtung sind Josep Guinovart und Albert Ràfols-Casamada zu erwähnen. Im Bereich der reinen Form tut sich Hernández Pijuan hervor. Um das Jahr 1969 greift das Fieber der art faible innerhalb der internationalen Strömung der art pauvre um sich.

Im Grenzbereich zum Kunsthandwerk sind die Keramiker Llorens Artigas und Antoni Cumella und im Bereich Teppichkunst Grau Garriga hervorzuheben.

In den letzten fünfundzwanzig Jahren haben in Katalonien die Künstler zwischen zwei unterschiedlichen Strömungen geschwankt. Die einen haben sich der nach dem Bürgerkrieg aufgekommenen Avantgarde verschrieben, die mit der konventionellen Ästhetik brechen wollte. Die anderen schrieben sich, gegen Ende der sechziger Jahre unter dem Einfluß der vom Mai 1968 ausgelösten Welle, eine eher konzeptionelle Art der künstlerischen Kreation auf die Fahnen, um damit über deren Nutzen als Gebrauchsgegenstand hinauszugehen. Zu dieser Bewegung sind Künstler wie J. Miralles, S. Pericot, J. Ponsatí, A. Miralda, B. Rosell, Ll. Güell, *Zush* (A. Porta) oder Perejaume zu zählen.

Nach Abflauen der avantgardistischen Welle schlugen einige Künstler den Weg der direkteren Ausdrucksformen ein. In der Malerei finden wir F. Amat und R. Llimós. Zusammen mit einigen anderen jungen Künstlern lehnt sich M. Barceló stärker an ausländische Strömungen mit expressionistischer Grundhaltung an. Neben ihnen wird auch realistische Malerei gepflegt, in der jeder Künstler seine persönliche Note einbringt: M. Gudiol, X. Valls oder J. Roca-Sastre. Unter den Bildhauern sind erwähnenswert: S. Aguilar, S. Medina Xampeny und, namentlich in jüngerer Zeit, J. Plensa.

Die in den sechziger Jahren in Barcelona entstandene Mode von Pertegaz, Balenciaga, Pedro Rodríguez oder Assumpció Bastida kann auch außerhalb unserer Grenzen erfolgreich Fuß fassen. Auch heute nehmen Namen wie Andrés Andreu oder Toni Miró Spitzenpositionen ein.

Von einiger Bedeutung sind in Katalonien auch die Künstler, die sich der Buch-, insbesondere der Kinder- und Jugendbuchillustration verschrieben haben. Sie stehen in der Tradition, die in der ersten Jahrhunderthälfte von Lola Anglada, G. Junceda, Opisso und anderen begründet wurde. Einige von ihnen haben sich bereits international einen Namen gemacht: C. Solé, P. Bayés, M. Rius, J.M. Madorell, M. Llimona oder C. Peris.

Design und Mode

1960 wurde in Barcelona unter dem Namen FAD (Foment de les Arts Decoratives) die erste Designschule gegründet. Der unablässige Aufstieg des Designs führte zur Gründung weiterer Schulen wie Elisava (1963) und Eina (1967). Inzwischen haben sich einige Designer einen Namen gemacht: Miquel Milà, Esteve Agulló, Ricard J. Bonet und Josep Antoni Blanch.

Im Bereich des Designs nimmt Barcelona eine internationale Spitzenposition neben Mailand oder Wien ein. Zu der traditionellen Beachtung, welche die katalanische Ästhetik der Liebe zum Detail, der Abrundung zuteil werden ließ, kommt bei den heutigen Designern die Vorliebe für das Licht, die genaue Plazierung der Gegenstände im Raum hinzu. Eigentlich müßten wir auf jede einzelne der Facetten des Designs: Industriedesign (Möbel, alle Art von Gegenständen), Innenraumdesign (Appartements, Ladengeschäfte, Bars) und Graphikdesign (Hinweisschilder, Plakate...) eigens eingehen, aber dies würde unseren Rahmen sprengen. Wir können feststellen, daß das Design in Katalonien heutzutage von zwei Generationen getragen wird: Die jüngere (30-40 Jahre alt), Anhängerin verschiedenartiger Tendenzen, befreit von orthodoxen Korsetts und eher geneigt, sich gewisse spielerische Freiheiten herauszunehmen, bricht indessen nicht mit ihrer Verpflichtung gegenüber strengen, technisch fortgeschrittenen Projekten. Im Bereich Graphikdesign ist inzwischen eine ähnlich rasante Entwicklung zu verzeichnen wie in den europäischen Vorreiterländern. Hier gibt es eine ganze Reihe von sehr namhaften Kräften: Y. Zimmermann, E. Satué, Saura/Torrente, J.M. Trias, J.M. Civit, Sarsanedas/Azcunce, R. Robert u.a.

Daneben ist Barcelona die Metropole, die die Mode in Katalonien inspiriert, einer Mode, die bereits seit den 60er Jahren (Pertegaz, Balenciaga, Pedro Rodríguez, Assumpció Bastida) weltweit Erfolge feiert. Andrés Andreu und Toni Miró gehören als Stylisten heute zu den international maßgeblichen Köpfen in dieser Branche. Überlassen wir es Toni Miró, die Dynamik der Mode in

Katalonien zu würdigen: «Barcelona ist eingebunden in eine unentwegte Eroberung im Reich der Mode: Immer mehr Experimente, immer größere Anforderungen, Ausgleich zwischen Angebot und Nachfrage, die Schulen, an denen neue Modeschöpfer ausgebildet werden, werden immer besser, die institutionelle Förderung verstärkt sich in beachtlichem Umfang.»

Die Förderung von Kultur und Wissenschaft

Wie in allen Ländern, in denen Zeichen einer kulturellen Vitalität sichtbar werden, gibt es in Katalonien eine ganze Reihe von, öffentlichen und privaten, Einrichtungen, die sich der Unterstützung dieser Vitalität auf den unterschiedlichsten Feldern der Kultur widmen. Zunächst ist das Wirken hervorzuheben, welches das Departament de Cultura der Generalitat durch alle seine Organe entfaltet. Dieses Departament unterhält das gesamte organisatorische Geflecht von Museen, Archiven, Bibliotheken und Gebäuden, die zum architektonischen und künstlerischen Erbe zählen, und zugleich gewährt es vielfältigen privaten Kulturinitiativen Unterstützung. Einige Bedeutung kommt auch dem Wirken der Stadtverwaltung Barcelonas und, allgemein, aller Kommunalverwaltungen für die Förderung der Kultur zu.

In Katalonien gibt es über 400 Museen, die auf die Welt der Künste, der Wissenschaft und der Technologie spezialisiert sind. Unter denen, die die größte Aufmerksamkeit auf sich lenken, sind folgende hervorzuheben: das Picasso-Museum (Barcelona), das Katalanische Kunstnationalmuseum MNAC (Barcelona) und das Dalí-Museum (Figueres). Daneben sind das Wissenschaftsmuseum, die Stiftungen Fundació Miró oder Fundació Tàpies, ebenfalls in Barcelona, bedeutende Belege für die Privatinitiative im Bereich Kunst.

Zu berücksichtigen ist darüber hinaus auch die Existenz diverser Forschungs-Organe und -Labors, die sich im allgemeinen bei der Planung ihrer Forschungsvorhaben mit öffentlichen Instanzen abstimmen. Unter den Organen, die sich vor allem den wirtschaftlichen und sozialen Aspekten widmen, sind folgende Stiftungen hervorzuheben: Fundació Jaume Bofill, Fundació Puigvert und Fundació Barraquer.

Das Barcelona Centre de Disseny (BCD) und das Foment de les Arts Decoratives (FAD) kümmern sich um das Design, insbesondere um Industriedesign, und sie bieten den Unternehmen, denen an einer Steigerung der Designqualität ihrer Produkte und an einer Festigung ihres Images gelegen ist, gute Dienste.

Außerdem verfügen die kulturellen und künstlerischen Ausdrucksformen entweder bereits über neue Gebäude und Einrichtungen oder werden dies zumindest bald können. Solches gilt für: Museu d'Art Contemporani, Auditori de Barcelona, Arxiu Nacional de Catalunya und Museu Català de Ciència i Tecnologia, die sich alle in Barcelona befinden.

Die Verpackungs-Ausstellung «L'envas (Made in Catalonia)», die das Barcelona Centre de Disseny (BCD) koordiniert und die im Rahmen des Wettbewerbs Designfrühling (Primavera del Disseny) eröffnet wurde, macht die ästhetischen Strömungen und die neuen praktischen Lösungen in dieser Anwendung aktuellen Designs deutlich.

WIRTSCHAFT
UND GESELLSCHAFT
❖ ❖

Einschätzung der katalanischen Wirtschaft

Durch seine geographische Lage ist Katalonien ein Durch-
gangsland für Ideen und kulturelle Strömungen, aber auch
für Warenaustausch und ein beliebtes Reiseziel. Trotz seiner
unzureichenden natürlichen Vorkommen an Energie und
Bodenschätzen erbringt Katalonienm, dessen Fläche 6,3%
der Gesamtfläche Spaniens und dessen Bevölkerungsanteil
15,5% beträgt, rund 20 % des spanischen Bruttoinlands-
produktes und beschäftigt etwa 17 % der gesamten arbeitenden Bevölkerung.

Hervorzuheben ist, daß das katalanische Wirtschafts-
volumen das Portugals oder Irlands übersteigt und dem
Griechenlands nahezu vergleichbar ist. Derzeit ist die katalanische Wirtschaft eng verbunden mit der Wirtschaft
der Gesamtheit der Völker Spaniens, aber dessen Beitritt
zur Europäischen Union (EU) zieht eine nachhaltige Ver-
änderung der bisher existierenden Bande nach sich. Katalanische Produkte erschließen sich nach und nach einen
neuen, europäischen Markt, der viel größer ist als der bis-
herige, müssen sich aber in Spanien der Konkurrenz
durch andere Produkte aus verschiedenen EU-Ländern
stellen.

Katalonien, eine europäische Wirtschaftsregion

Der gemeinschaftliche Integrationsprozeß hat die Festigung
der seit jeher bestehenden Bande zwischen Katalonien und
Europa mit sich gebracht. Mit Fug und Recht bezeichnen wir

Katalonien als eine europäische Region, denn wir stellen, allein nach den wirtschaftlichen Indikatoren gesehen, fest, daß fast Dreiviertel der katalanischen Exporte in die Europäische Union gehen.

Was die wesentlichen Wirtschaftsdaten angeht, befindet Katalonien sich unter den wohlhabenden Regionen Europas. Innerhalb der Europäischen Gemeinschaft beträgt Kataloniens Anteil nach einheitlicher Kaufkraft am Bruttoinlandsprodukt (BIP) der Gemeinschaft 1,7 Prozent bei einem Gesamtanteil von 9,2 Prozent bezogen auf die Wirtschaft Spaniens. Dieser Prozentsatz Kataloniens liegt über dem der Gesamtwirtschaft Luxemburgs und Irlands und ist dem globalen Beitrag zur Europäischen Gemeinschaft, den Griechenland oder Portugal erbringen, vergleichbar, während er leicht unter dem Anteil Dänemarks liegt. Setzen wir den Wert 100 für den Durchschnitt der fünfzehn Mitgliedsländer der Europäischen Union an, dann liegt die Kaufkraft der katalanischen Bürger bei 92,7, während die der Spanier insgesamt 77 beträgt.

Obwohl Katalonien ein gegenüber dem spanischen Durchschnitt höheres Entwicklungsniveau erreicht hat, befindet es sich, wie bereits weiter oben festgestellt wurde, gegenüber dem europäischen Durchschnitt im Hintertreffen. Daher wird es die zur Verfügung stehende Zeit nutzen müssen, um die notwendigen Reformen seiner Wirtschaftsstruktur stufenweise und möglichst schmerzlos durchzuführen. Bei diesen Reformen geht es vor allem um die berufliche Bildung, die Bekämpfung der Arbeitslosigkeit, die Entwicklung der ländlichen Räume und Anpassung der landwirtschaftlichen Strukturen, die Schaffung neuer öffentlicher Infrastrukturen, wie etwa die Modernisierung des Eisenbahnnetzes und der Bau neuer Fernstraßenachsen. Für die dazu notwendigen Investitionen, die ja auch im Gemeinschaftsinteresse liegen, ist prinzipielle Bereitschaft, und in einigen Gesichtspunkten auch die Zusage, der Einrichtungen der EG zur Hilfe zu verzeichnen.

Katalonien ist aktiv beteiligt an verschiedenen Foren und Vereinigungen, von denen aus Initiativen und Aktivitäten mit dem Ziel der Steigerung der Präsenz der Regionen im Bereich der Gemeinschaft ausgehen. Mit der Schaffung des Komitees der Regionen hat der Vertrag von Maastricht erstmals den Regionen eine gewisse politische Rolle im Prozeß des Baues Europas zugestanden.

Unter den Institutionen, denen Katalonien angehört, sind folgende erwähnenswert: die Versammlung der Regionen Europas (VRE), deren Präsident derzeit Jordi Pujol, der Präsident der Generalitat Kataloniens, ist, die Vereinigung der Europäischen Grenzregionen, die Gruppe Europäische Regionen mit Industrieller Tradition und die Pyrenäen-Arbeitsgemeinschaft. Hinzu kommt, daß der Präsident der katalanischen Regierung eine der treibenden Kräfte bei der Schaffung einer großen Euroregion des nordwestlichen Mittelmeerraumes war, die Katalonien, Languedoc-Roussillon und Midi-Pyrénées umfaßt. Sie hat sich zum Ziel gesetzt, einen zusammenhängenden Raum der wirtschaftlichen, wissenschaftlichen, sozialen und kulturellen Entwicklung zu umreißen.

Natürlich kommt Katalonien als europäische Region auch in den Genuß diverser Strukturfonds der Europäischen Gemeinschaft: Europäischer Fonds für Regionale Entwicklung (EFRE) Europäischer Sozialfonds (ESF) und Europäischer Ausrichtungs- und Garantiefonds für die Landwirtschaft Abteilung Ausrichtung (EAGFL-A).

Bevölkerung und Produktionssektoren

Kataloniens Produktionsstruktur kommt der des europäischen Vorbilds sehr nahe. 1993 erreichte die arbeitende Bevölkerung die Zahl von zweieinhalb Millionen Menschen. Die Beschäftigungsrate der katalanischen Bevölkerung liegt über der des übrigen Gesamtspaniens und nur knapp unter der der Länder der Europäischen Union, was vor allem an der ungleichen Eingliederung der Frauen in den Arbeitsmarkt liegt.

Die arbeitende Bevölkerung verteilt sich wie folgt: 59,3 % im Dienstleistungssektor, 37,2 % im Industriesektor, zu dem auch die Bauwirtschaft zählt, und schließlich 3,3 % im Sektor Landwirtschaft und Fischerei (Dies sind Zahlen aus 1993).

Im Bereich der katalanischen Landwirtschaft sind die Getreideproduktion und der Gemüseanbau hervorzuheben. Erwähnenswert ist auch der Wein- und Olivenanbau, die beachtliche Mengen Wein und Schaumwein (cava), mit sieben Herkunftsbezeichnungen, und qualitativ hochwertiges Olivenöl erbringen. Im Bereich der Viehzucht sind die am meisten ausgebauten Sparten die Schweine-, Geflügel- und Rinderzucht. Die Fleischverarbeitungsindustrie hat sich vor allem auf die Herstellung von Würsten spezialisiert. Längs der 580 Kilometer katalanischer Küste gibt es einige Fischereizonen mit diversen Fangquoten.

Im Laufe der beiden ersten Jahre der EG-Zugehörigkeit hatte die katalanische Landwirtschaft unter mangelnder Koordination zwischen der Zentralregierung und der katalanischen zu leiden, die vor allem aus einer falschen Auslegung der Kompetenzen Kataloniens im Bereich der Agrar-

Mit fachmännischem Blick wird die Farbe eines cava in einer Sektkellerei in Sant Sadurní d'Anoia überprüft. Katalonien produziert eine breite Palette von Weinen mit sieben Herkunftsbezeichnungen, die international auf dem Vormarsch sind.

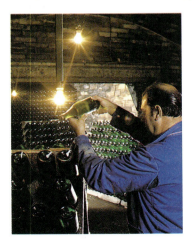

politik resultierte. Ungeachtet dieser politischen und weiterer finanzieller Schwierigkeiten wurde eine Agrarpolitik durchgeführt, die sich stets an dem Ziel orientierte, Anschluß an die neue EG-Struktur zu finden. Darüber hinaus sind die groben Linien für das weitere Vorgehen im Hinblick auf die Zukunft festgelegt und bewegen sich um folgende Punkte: möglichst weitgehende Abstimmung des gemeinsamen Vorgehens zwischen der Zentralregierung und der autonomen, Sicherstellung der katalanischen Mitwirkung an der Agrarpolitik Gesamtspaniens, Qualitätssteigerung bei den Produkten und Ausbau ihrer Vermarktungswege, Gleichstellung der einheimischen Landwirtschaftsverbände mit denen anderer EG-Länder.

Katalonien ist Spaniens erste Wirtschaftsregion und verfügt über 25 % der gesamten spanischen Industriekapazität. Der Industriesektor wirkte schon immer als Motor der katalanischen Wirtschaft. Zusammen mit der Bauwirtschaft gibt er einer Million Menschen, nahezu die Hälfte der arbeitenden Bevölkerung, Arbeit. Im wesentlichen konzentriert sich diese Industrie in Barcelona und den umliegenden Städten. Obwohl man durchaus von einem hohen Diversifikationsgrad sprechen kann, fällt auf, daß die metallverarbeitende, die chemische und die Textilindustrie eine besonders starke Position einnehmen. Hinzu kommt die Lebensmittelindustrie, die in den letzten Jahren hohe Wachstumsraten verzeichnet. Obwohl Katalonien innerhalb Spaniens eine Vorreiterfunktion beim Bau von Heiz- und Atomkraftwerken erfüllte, reicht deren Kapazität nicht zur Selbstversorgung: Die Abhängigkeit von außen ist immer noch beachtlich.

Spritzmittelhubschrauber über dem Ebre-Delta, einer bedeutenden, 320 km² großen Kulturlandschaft im Süden Kataloniens. Diese Schwemmlandfläche ist äußerst fruchtbar und weist einen beachtlichen ökologischen Reichtum auf.

Mit Inkrafttreten des europäischen Binnenmarktes ab 1993 kam es zur Entstehung des weltgrößten Verbraucherpotentials: 323 Mio. Menschen. Angesichts dieser eindrucksvollen Perspektive muß die katalanische Industrie konsequent reagieren. Sie muß nach optimalen Finanzierungsmöglichkeiten Ausschau halten und ihr Handeln, sowohl im Einkauf wie auch im Verkauf, an einer einheitlichen wirtschaftlichen Grundlage ausrichten. Die Möglichkeiten der katalanischen Wirtschaft zur Mitwirkung am europäischen Binnenmarkt sind sehr groß. Dies erfordert: Anstrengungen im Bereich der technologischen Forschung und Entwicklung, die Steigerung der Qualität, der Sicherheit und des Designs der Produkte, den Ausbau der Vertriebsnetze, die Angleichung der Firmengröße an die in der europäischen Industrie üblichen Dimensionen und die Einhaltung der gemeinschaftlichen Gesetzgebung.

Innerhalb des Dienstleistungssektors entfällt der Hauptanteil auf den Handel. Die Dichte der Unternehmen ist hoch, vor allem was den Einzelhandel angeht. Strukturell weist der Sektor eine beachtliche Spezialisierung auf Vertriebs- und Produktionsdienste auf, was für eine auf Industrie aufgebaute Wirtschaft, wie es bei der katalanischen der Fall ist, charakteristisch ist.

Besondere Aufmerksamkeit verdient der Bereich Fremdenverkehr, der seit nunmehr drei Jahrzehnten spektakuläre Wachstumsraten verzeichnet. Dieses Wachstum der katalanischen Fremdenverkehrsindustrie beruht einesteils auf der bevorzugten geographischen Lage als einer der Verbindungspforten der Iberischen Halbinsel zum übrigen Europa. Andererseits liegt es auch an der Reichhaltigkeit, der Vielfalt und guten Qualität des Fremdenverkehrsangebotes, sowohl im Sommer, als auch in der Wintersaison.

Katalonien hat eine beachtliche Hotelkapazität, dazu noch zahlreiche Campingplätze. Insgesamt über eine halbe Million Übernachtungsplätze. Zählt man zu diesen Beherbergungskapazitäten noch einige Tausend ausgesprochene Ferienwohnungen hinzu, dann kann man behaupten, daß sich auf katalanischem Boden eine der bedeutendsten touristischen Regionen Europas befindet. Die Zahl der Touristen, die vom Ausland aus Katalonien besuchen, bewegt sich um die 15 Millionen jährlich, wobei die meisten aus Frankreich und Deutschland kommen. In den letzten Jahren wird jedoch das Hauptaugenmerk nicht mehr auf die Quantität gerichtet, die Regierung Kataloniens ist, im Einklang mit den Unternehmern, dabei, das Angebot in Richtung Qualität neu zu orientieren, da diese von Mal zu Mal an Bedeutung gewinnt, um ein zunehmend anspruchsvolleres Publikum anzuziehen.

Sessellift im Wintersportgebiet Vaqueira-Beret, einer der am besten ausgebauten und ausgestatteten Einrichtungen Kataloniens, am östlichen Ende des Vall d'Aran. Katalonien verfügt über 12 Skigebiete und ist heute eine privilegierte Enklave für diese Sportart.

Der Finanzsektor

In den letzten Jahren verzeichnete der katalanische Finanzsektor ein beachtliches Wachstum. Banken und Sparkassen weisen eine gleichbleibende Vitalität auf, die sich parallel zur Dynamik in Industrie und Handel des Landes bewegt. Dies mag an einer Zahl deutlich werden, nämlich daß 21 % der Bankeinlagen Spaniens sich in Katalonien befinden.

Im Bereich der Finanzen muß auf die bedeutende Rolle der Sparkassen hingewiesen werden. Die *Caixa d'Estalvis i de Pensions de Barcelona* beispielsweise ist nach dem Volumen der Einlagen das größte Geldinstitut in ganz Spanien. Das Bankenwesen wird dagegen in Katalonien von spanischen und ausländischen Unternehmen beherrscht.

Außerdem gibt es in Barcelona eine Wertpapierbörse. Die Ursprünge dieses Börsenplatzes reichen zurück bis ins 14. Jh. Im Rahmen der Reform des Wertpapiermarktes, die im Jahre 1989 in ganz Spanien durchgeführt wurde, wurde in Barcelona die derzeitige Börsenaufsichtsgesellschaft Societat Rectora de la Borsa gegründet, die aus rund drei-ßig Gesellschaften und Börsenagenturen besteht. Das effektive Umsatzvolumen der Barceloniner Börse beläuft sich auf über 10 % dessen Gesamtspaniens.

Getreu der Absicht, Kataloniens Hauptstadt als Finanz-metropole zu stärken, wurden Aktivitäten entfaltet. So etwa die Schaffung des ersten Börse für Zukunftswerte (MEFF). Ebenso die Gründung des Institut d'Estudis Financers (IEF), eines Zentrums für Ausbildung, Forschung und Förderung neuer Initiativen.

Erwähnenswert ist auch die zunehmende Kraft des Versicherungssektors. Über 130 Versicherungsgesellschaften, also nahezu ein Viertel derer ganz Spaniens, haben ihren Hauptsitz in Katalonien.

Lebensstandard und Umwelt

In Katalonien herrscht ein relativ gehobener Lebensstandard. Nach der Kaufkraftparität liegt das Land dicht beim Durchschnitt der Europäischen Union. Der durchschnittliche Monatslohn eines katalanischen Arbeiters betrug 1992 1.688 Dollar und lag damit knapp über dem Durchschnitt der Gesamtheit der abhängig Beschäftigten Spaniens.

Quantität und Qualität der unterstützenden, sozialen, kulturellen, sportlichen und freizeitorientierten Dienste sind denen der hochentwickelten Länder Europas vergleichbar.

Innerhalb des öffentlichen Krankenhausnetzes gibt es diverse spezialisierte Häuser, unter denen chirurgische Teams hervorzuheben sind, die eine Spitzenstellung in der Transplantationsmedizin einnehmen. Außerdem sind etliche private Klinikeinrichtungen erwähnenswert, die internationales Renommé genießen.

Sportliche Einrichtungen wurden in den letzten Jahren modernisiert. Im Zusammenhang mit den Olympischen Spielen 1992 wurden auch neue Sportanlagen in Barcelona und in verschiedenen Landesteilen errichtet. Auch was neue Foren für kulturelle Veranstaltungen angeht, haben Barcelona und andere Städte Kataloniens von dem Schub profitiert, der von der Ausrichtung der Olympischen Spiele ausging. Es muß jedoch festgestellt werden, daß es in Katalonien seit jeher das Bestreben gab, die für die kulturelle Entwicklung seiner Bürger notwendigen Einrichtungen zu besitzen. Oftmals verdanken diese Einrichtungen ihre Entstehung privater Initiative.

Die besondere Bedeutung, die der Schutz der Umwelt in den entwickelten Ländern erlangt hat, und die Notwendigkeit zu konzertiertem Handeln in den verschiedenen Bereichen, die bei der globalen Politik zur Bewahrung der Umwelt zum Tragen kommen, haben die Regierung der Generalitat dazu bewogen, ein eigenes Umweltministerium, die ranghöchste politische und administrative Einrichtung der Regierung Kataloniens, ins Leben zu rufen.

Die Generalitat de Catalunya besitzt Rahmengesetzgebungskompetenzen im Bereich des Umweltschutzes im Rahmen der gesamtstaatlichen Gesetzesgrundlage und zudem Exekutivrechte bezüglich der industriellen und giftigen Abfälle in den katalanischen Binnen- und Küstengewässern.

Die Katalanische Regierung handhabt diese Vollmachten mit Hingabe und Strenge, um ein Höchstmaß an Schutz für eine in gewisser Weise privilegierte Region zu erzielen, die, wenngleich sie nicht reich an Energiereserven und Bodenschätzen ist, doch über eine abwechslungsreiche, reizvolle Landschaft, über einen beachtlichen ökologischen Reichtum und über schöne Küsten und Berge verfügt. Aber es ist nicht nur die Regierung, die sich um die Bewahrung der Umwelt kümmert.

Am Montjuïc sind die olympischen Sportanlagen im Olympischen Ring zusammengafaßt: Stadion, Palau Sant Jordi, Schwimmbad Picornell, Staatsinstitut für Leibeserziehung Kataloniens (INEFC) sowie weitere Wettkampfstätten.

In Katalonien gibt es zahlreiche Organisationen im privaten Bereich, die sich um das Thema kümmern und äußerst verdienstvolle Forschungs- und Arbeitsleistungen auf diesem Feld erbringen. Schon heu-

Das Olympische Dorf am Ufer des Meeres in einem weitläufigen Sporthafen beherbergte die Teilnehmer der Olympischen Spiele von 1992.

te gibt es eine Umweltgesetzgebung für Katalonien, in der alle rechtlichen Bestimmungen der Generalitat, des spanischen Staates und der Europäischen Gemeinschaft zusammengetragen sind. Die verschiedenen Umweltaspekte sind also geregelt: Umgang mit dem Wasser, der Luft, den geschützten Naturzonen, festen Abfällen und anderes mehr.

Beispielhaft für die Fortschritte im Bereich Umweltschutz sei darauf hingewiesen, daß die geschützten Naturräume 1980 0,94 % der Gesamtfläche Kataloniens betrugen, 1993 dagegen 20,3 %.

Transport und Verkehrswege

Die wirtschaftliche Dynamik Kataloniens wäre undenkbar ohne ein gut ausgebautes Netz an Autobahnen und Landstraßen und ohne eine leistungsfähige Eisenbahn. Hier ist ein Aspekt hervorzuheben: der Bau von Ringstraßen, die ein Durchqueren Barcelonas bei gleichzeitiger Entzerrung des Verkehrs im Stadtkern ermöglichen.

Bezüglich der Landverbindungen ist hier die geplante Hochgeschwindigkeitszugstrecke zwischen Barcelona und

Blick auf die Autobahn, die zwei Industriestädte, Barcelona und Terrassa, miteinander verbindet. In den letzten Jahren wurden in der Gesetzgebung des Parlaments Kataloniens Weichen für die Planung des Straßennetzes

Perpinyà zu nennen, die Katalonien Anbindung an das übrige Europa verbessern wird.

Der Luftverkehr stützt sich in Katalonien auf zwei Flughäfen, Barcelona und Girona-Costa Brava. Der Flughafen Barcelona, der anläßlich der Olympischen Spiele 1992 nachhaltig um- und ausgebaut wurde, wickelt nahezu den gesamten Luftfrachtverkehr und 95 % des Personenluftverkehrs ab. Der Flughafen Girona-Costa Brava ist dagegen fast ausschließlich auf die Bedürfnisse des Fremdenverkehrs ausgerichtet.

Das Transportwesen zur See ist von bemerkenswerter Bedeutung. Auf diesem Wege werden 68 % des Warenaustauschs mit der Europäischen Union und 97,5 % des Warenaustauschs mit anderen Ländern abgewickelt. An der katalanischen Küste befinden sich vier für den Warenumschlag geeignete Häfen: Barcelona, Tarragona, Palamós und Sant Feliu de Guíxols. Den Löwenanteil des Warenverkehrs wickeln allerdings die beiden erstgenannten ab, wobei der Hafen Barcelona insbesondere einer der aktivsten und leistungsfähigsten Häfen des gesamten Mittelmeeres ist; er steht in Konkurrenz zu Genua, Marseille und València.

Strategie und Zielrichtung

Blick von der Festung Montjuïc auf den Hafen Barcelona. In den letzten fünfzig Jahren wurde er mehrfach erweitert und ist heutzutage nach Warenumschlag einer der bedeutendsten des Mittelmeerraumes.

Die Katalanische Regierung hat bereits die Zielrichtung in verschiedenen Bereichen, Wirtschafts-, Sozial-, Landwirtschafts-, Industrie-, Technologie-, Erziehungs-, Berufsbildungs-, Umwelt- und Kulturpolitik, festgelegt und damit eine globale Strategie aufgestellt, damit Katalonien sich mit einiger Aussicht auf Erfolg der Herausforderung der völligen Integration in den Wirtschaftsraum Europa stellen kann.

Zur Umsetzung dieser Strategie der Anlehnung an Europa verfügt Katalonien über ein Organ, das den katalanischen Interessen dient. Es handelt sich um das *Patronat Català Pro Europa,* das von seinen Standorten in Brüssel, Barcelona, Lleida und Girona aus tätig ist. Zudem arbeitet im Parlament Kataloniens ein Beobachtungsausschuß zum Verhältnis Katalonien-EU, der regelmäßig über die Tätigkeit der Generalitat in Sachen europäischer Integration berichtet. Ebenso wurden weitere Kontaktbüros eingerichtet: im Unterrichtsministerium eine *Oficina de Cooperació Educativa i Científica amb la UE* (Büro für Zusammenarbeit in Erziehung und Wissenschaft mit der EU) und im Gesundheitsministerium die *Oficina de Cooperació Sanitària amb Europa* (Büro für Zusammenarbeit im Gesundheitswesen mit Europa). Die Staatskanzlei (Departament de la Presidència) verfügt ebenfalls über einen Beauftragten für Auswärtige Angelegenheiten *(Comissionat per a Actuacions Exteriors),* der dafür zuständig ist, die Beziehungen, die die Regierung der Generalitat mit anderen, vor allem europäischen Ländern und Regionen unterhält, einzuleiten und zu pflegen.

Die katalanische Regierung sorgt auch für die Mitwirkung ihres Landes in verschiedenen Fachgremien, wie etwa die sogenannte Südeuropa-Hochtechnologieroute, und zwar tut sie dies durch das *Centre d'Informació i Desenvolupament Empresarials (CIDEM).* In Sachen Handelsexpansion wird die Generalitat in Europa durch das *Consorci de Promoció Comercial de Catalunya (COPCA)* tätig. Im Bereich Kultur arbeitet, nicht nur, in Europa das *Consorci Català de Promoció Exterior de la Cultura (COPEC),* das katalanische Kultur nach außen trägt und den weltweiten Austausch mit kulturschaffenden Institutionen und Gruppen anregt.

Die Verbindungen nach außen

Katalonien führt Rohstoffe, Anlagen und Konsumgüter ein. Demgegenüber exportiert es eine recht breite Palette an Fertigprodukten: Automobile, Chemieprodukte, Zement, Bücher, Schuhe und vieles, vieles mehr.

Eine liberale Gesetzgebung für den Zufluß ausländischen Investitionskapitals hat die internationale Verflechtung der katalanischen Wirtschaft günstig beeinflußt. Besonderen Nutzen hat hieraus offenkundig die Industrie gezogen. Kurz nach dem EU-Beitritt Spaniens steigerte sich der Kapitalfluß aus dem Ausland in Firmen und Handelsunternehmen Diese Investitionen verteilten sich vor allem auf folgende Bereiche: Papier- und Druckindustrie, Hotels, Chemieindustrie, Finanzierungsfonds u.a. Sie kamen vor allem aus einigen Ländern der Europäischen Union (Deutschland, Frankreich, Holland, Schweiz), aus den Vereinigten Staaten und aus Japan.

Barcelonas Herz für die Avantgarde

Die Formen urbaner Kultur, die sich dort entwickelten, sind nicht wesentlich anders als die, die in nördlicheren Breiten des Alten Kontinents entstehen, obwohl sie doch stets eine spezifisch katalanische Prägung tragen. Es ist vor allem eine mediterrane Kultur, die sich eher auf Musik und auf bildende Künste stützt, denn auf konzeptionelle oder diskursive Plattformen. Mit dieser Europaorientierung steckt Barcelona das ganze Land Katalonien an und wird so seiner Funktion als Hauptstadt gerecht.

   Abgesehen von seinen europäischen und mediterranen Komponenten, so kann man sagen, ohne der Wahrheit Abbruch zu tun oder in Übertreibungen zu verfallen, ist Barcelona stets eine Stadt gewesen, die ein Herz für innovative und avantgardistische Lösungen hatte. Dies hat sie in den entscheidenden Augenblicken ihrer eigenen urbanistischen Geschichte oder der sozialen oder kulturellen Aktivität, die sich in ihren Mauern entfaltete, unter Beweis gestellt. Die Ausrichtung der Olympischen Spiele 1992 war für Bar-

Der Park «L'Espanya Industrial», eine der jüngsten Leistungen der öffentlichen Avantgarde-Architektur unweit des Zentralbahnhofs (Barcelona-Sants) ist ein Werk von L. Peña-Ganchegui.

105

Das Radrennstadion Velòdrom d'Horta im olympischen Wettkampfbereich des Vall d'Hebron.

celona die dritte Gelegenheit, seine Innovationskraft hervorzuheben. Es gelang der Stadt, die bedeutendste städtebauliche Umgestaltung des 20. Jhs. zu bewerkstelligen. Seit dem Plan Cerdà von 1860 hatte Barcelona keine so tiefgreifende Modernisierung seines städtischen Raumes mehr vorgenommen. Ebensowenig hatte eine Umgestaltung von Infrastruktur und Einrichtungen in dem Umfang stattgefunden wie die, die zwischen 1986 und 1992 erfolgte.

Zwei weitere durchaus bedeutende Ereignisse in früheren Jahren dürfen allerdings auch nicht vergessen werden, wenn es um Barcelonas Werdegang zu einer modernen Stadt geht. Die Weltausstellung von 1888 und die Internationale Ausstellung von 1929. Beide haben durchaus sichtbare Spuren der Dynamik und der Modernität hinterlassen, aber die anläßlich der Olympischen Spiele vollbrachte Leistung hat eine ungleich umfassendere Wirkung. Dies war die Krönung eines avantgardistischen Projekts der globalen städtebaulichen Erneuerung. Dieses Projekt hatte verschiedene Ansatzpunkte, wie etwa die Wiederherstellung der dem Meer zugewandten Seite, die Verbesserung des grundlegenden Straßennetzes, Umgehungsstraßen (Ronda de Dalt und Ronda Litoral), den Bau einer Hafenpromenade und eines Sporthafens, die Sanierung bestimmter urbaner Räume und Ensembles, den Bau neuer Leitungszentren zur Wirtschafts- und Handelsförderung, den Bau des großen Olympischen Viertels, die Sanierung der Plaça de les Glòries oder den Abschluß der Erschließung des Gebietes um den Montjuïc, den Bau des

imposanten Fernmeldeturmes Torre de Comunicacions in
der Serra de Collserola oder den neuen Flughafen der
Stadt, um nur einige besonders wichtige zu nennen.

Diese förmlich gigantische Leistung wäre nicht möglich gewesen ohne eine enorme finanzielle Anstrengung
und ohne die Hingabe eines versierten Teams von Architekten und Städteplanern von Weltruf, die wir bereits in
diesem Buch angesprochen haben.

Dank dieser ganzen Reihe von
Errungenschaften, die Barcelona anläßlich des historischen Er-
eignisses der Olympischen Spiele
von 1992 erreicht hat, hat es in
seiner Eigenschaft als europäische
Stadt einen qualitativen Sprung
nach vorn gemacht und sich in
die anderen Städte eingereiht, die
ebenfalls in den achtziger Jahren
einen Kraftakt der Erneuerung voll-
bracht haben: Berlin, Paris und
London.

*Der «Riese»
in der Gebirgskette
Serra de Collserola,
ein Werk des englischen
Architekten Norman
Foster, ist 268 m hoch.
Es handelt sich bei dem
Bauwerk um einen
Fernmeldeturm.*

ZUKUNFTSPERSPEKTIVEN

Die Forderung nach Qualität

In diesem Buch, einer Synthese all dessen, was Katalonien war, ist und sein will, haben wir seinen langen Weg durch die Geschichte bis in unsere Tage nachgezeichnet. Aber man darf nicht stehen bleiben. Wir befinden uns weiterhin auf unserem Weg in die Zukunft, die immer eine Herausforderung darstellt, und es gilt, sie mit Klugheit, Vorstellungskraft und Beständigkeit anzugehen.

Heutzutage ist das Gesicht der Welt ein anderes als das, das sie zu der Zeit zeigte, als das Abenteuer des katalanischen Volkes begann. Die Welt befindet sich in einem allenthalben gleichermaßen rasanten Prozeß globaler Vernetzung der Ereignisse, eingebunden in ein überaus dichtes Kommunikationsnetz, das alle Völker an der komplexen Vitalität und Dynamik der ganzen Erde teilhaben läßt.

Man kann indessen behaupten, daß keines auf seine Identität verzichtet, und es wird Tag für Tag deutlich, wie jedes Volk bemüht ist, eigenständig neben den anderen zu bestehen. Katalonien macht da keine Ausnahme. Das Land tritt mit zwei grundlegenden Aufgaben in sein zweites Jahrtausend. Erstens geht es um die Sicherstellung seines Überlebens als Volk, nachdem es aus einem langen Tunnel der Unterdrückung entkommen ist. Zweitens geht es um die Planung des Beitrags und der Präsenz Kataloniens in der Welt.

Der derzeitige Ministerpräsident Kataloniens, Jordi Pujol, drückt sich klar und unmißverständlich aus, wenn es darum geht, ein Ziel der Integration zu bestimmen, damit Katalonien den Platz einnimmt, der ihm innerhalb der Völkergemeinschaft Europas zukommt. Er spricht davon, daß es gilt,

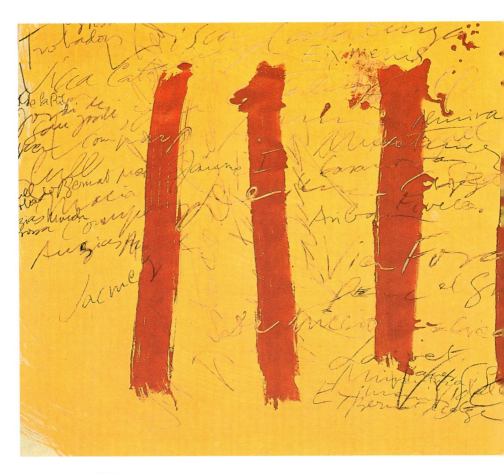

alle Anstrengungen der Bürger des Landes unter dem Vorzeichen der Qualität zusammenzufassen. «Auch wenn sie weder ganz vollkommen noch ausreichend sind, so verfügen wir doch über genügend Instrumente, um uns vorzunehmen, aus Katalonien ein Land mit Qualität in vielerlei Hinsicht zu machen: in der Lebensart, in der wirtschaftlichen und kulturellen Konkurrenzfähigkeit, in der Achtung gegenüber allen, im Erscheinungsbild, das wir als Land abgeben. All dies ist möglich, ist greifbar. Wir dürfen es nicht selbst

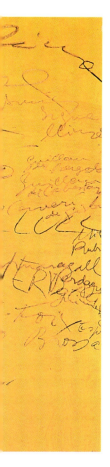

verderben. Wir dürfen nicht, aus Leichtsinn, aus Unvernunft, aus systematischen Spannungen heraus, aus Egoismus oder aus Leichtfertigkeit darauf verzichten, aus Katalonien ein Volk von Qualität zu machen. Und dabei müssen wir uns stets vor Augen halten, daß wir nur durch sie, nur durch die Qualität, jeder für sich und alle zusammen uns den Respekt aller, unsere Selbstachtung und die Freiheit sichern werden.»

Die Identität einer Nation festigen

Auf seinem Weg in die Zukunft muß ein Land wie Katalonien, eine Nation ohne eigenem Staat, eine genaue Analyse der Möglichkeiten anstellen, wie es als eigenständige Nation überleben und dabei die eigene Identität durch alle zeitbedingten Veränderungen hindurch, denen jedes Volk auf seiner Wanderung durch die Geschichte ausgesetzt ist, bewahren kann.

Unter geo- und demographischen Gesichtspunkten ist Katalonien ein relativ kleines Land. Allerdings gibt es in moralischer Hinsicht keine Länder, die klein oder weniger wichtig als andere sind. Zumal dann, wenn diese als klein bezeichneten Länder unablässig ihren Lebenswillen bekunden und sich damit vornehmen, die Hindernisse, die sich ihnen in den Weg stellen, zu überwinden.

An einem Überblick über die großen Epochen der Geschichte der Menschheit wird deutlich, daß menschliche Gemeinwesen, Reiche oder Staaten, entstehen, wachsen, sich verändern und untergehen, um für neue menschliche Gemeinwesen Platz zu machen, die eine neue Epoche der Menschheit einläuten. Lenkt man den Blick auf kürzere Zeiträume, etwa Jahrhunderte oder Jahrtausende, deren Erlebnisse, Erinnerungen und Erfahrungen in einem bestimmten Gemeinwesen gewissermaßen im Sinne eines Volksgeistes lebendig sind, so trifft man auf einen eisernen Überlebenswillen. Alle Völker, die über ein Mindestmaß an innerem Zusammenhalt verfügen und sich ihrer eigenständigen Identität bewußt sind, wünschen sich, über die Zeiten zu bestehen, und hegen eine gewisse Hoffnung auf Ewigkeitswert. Genau dies geschieht in Katalonien, an der Schwelle zu seinem zweiten Jahrtausend.

Allerdings ist das historische Umfeld, in dem wir uns befinden, nicht das günstigste. Es scheint, als kollidierten die Erfahrungen einer von Tag zu Tag höher entwickelten und dynamischeren Technologie, deren Ausbreitung nicht zu bremsen ist, mit dem gebührenden Respekt vor der kulturellen Identität des einzelnen Volkes. Versetzen wir uns in unser natürliches Umfeld, Europa, dann stellen wir eine beherrschende Position eines ständig perfekter und unerbittlicher werdenden Technikkultes fest.

Das Europa, das wir da sehen, ist ein Europa, dessen Merkmale u.a. die Vermaßung des Individuums, die Herrschaft der Informatik, die dirigistische Meinungsbildung, die Standardisierung von Bildung und Erziehung, die Marktstrategien, die Vereinheitlichungstendenzen im Denken, die Invasion jeder Art von gesellschaftlichen Modeerscheinungen sind. Was sich hier im europäischen Maßstab abspielt, geschieht natürlich auch weltweit.

Es wäre absurd und ungerecht, all diese Phänomene als *schlecht* und damit verwerflich zu bezeichnen. Indessen steht es außer Zweifel, daß sie alle zusammen, vor allem, wenn sie unkontrolliert wirken, geeignet sind, die kulturelle Identität der einzelnen Völker zu schwächen. Es entsteht der Eindruck, daß uns mehr oder minder merklich eine weltweit einheitliche, schematisierte, oberflächliche und entfremdende Kultur übergestülpt wird, die vom Nutzen der wirtschaftlich mächtigsten Gruppen und von den materiellen Interessen der von der Natur bevorzugten Länder ferngesteuert wird.

Einige Philosophen unserer Tage schlagen vor, diesem Prozeß der fortschreitenden Entfremdung der Kulturen mit dem Gegengift einer besonderen Sorge um die Kunst und die Verbreitung von Literatur zu begegnen. Die in ihrer Vielfalt unerschöpflichen Ausdrucksformen, zu denen die Kunst in der Lage ist, und mehr noch das literarische Schaffen in den einzelnen Sprachen, sind aufgerufen, gegen diese beunruhigende Bedrohung anzutreten, die auf den Identitäten lastet, aus denen die einzelnen Völker ihr Bestehen begründen. Wir müssen uns stets vor Augen halten, daß die Erde einzigartig ist, der Mensch aber nicht, und daß nach den Worten des portugiesischen Philosophen José Saramago «jede Kultur ein Universum ist: Der Raum, der sie voneinander trennt, ist derselbe Raum, der sie miteinander verbindet, ebenso wie das Meer, hier auf der Erde, die Kontinente voneinander trennt und miteinander verbindet.»

Einen Platz im Europa der Kulturen finden

Sieht man Europa und die Welt nach dieser Hypothese als ein Puzzle aus verschiedenen Kulturen, denen allen, jeder für sich, eine besondere Identität gegeben ist, wo jedes Teilchen seinen eigenen unentbehrlichen Beitrag zur Harmonie des Gesamtbildes einbringt, dann kann man verstehen, daß die katalanische Kultur sich bemüht, sie selbst zu sein

113

und stärker zu sein. Es ist demnach nur allzu logisch, daß Katalonien in dieser gegenwärtigen Hochkonjunktur des Zusammenwachsens der Länder Europas all das verstärkt und betont, was seine Eigenständigkeit ausmacht. Es ist überhaupt nicht verwunderlich, daß die katalanische Kultur sich nicht damit abfindet, entfremdet zu werden, zu verschwinden oder in einem Winterschlaf als Rand- oder Restkultur zu verharren.

Folgerichtig arbeitet Katalonien auf drei Ziele hin, die ihm seinen Fortbestand in der Zukunft sicherstellen sollen. Das erste ist die Festigung seiner Identität, von der auf diesen Seiten zur Genüge die Rede war. Die beiden anderen sind: die kulturelle Durchlässigkeit und die Außenwirkung seiner Kultur.

Unter Durchlässigkeit verstehen wir die innere Bereitschaft jeglichen menschlichen Gemeinwesens, sich dem zu öffnen, was die anderen zeitgenössischen Kulturen in ihrem unablässigen Schaffensprozeß immer wieder hervorbringen.

Und unter Außenprojektion meinen wir die Sorge und das Bemühen, die anderen Kulturen ständig an den Reichtümern teilhaben zu lassen, die aus dem Geist, dem Genie des Landes in allen möglichen Bereichen der Kreativität erwachsen. Man kann nicht glaubwürdig von einer singulären Kultur reden, wenn man nicht einen hohen Grad an eigenständiger Persönlichkeit erreicht. Aber es geht ebensowenig an, auf diese Singularität zu pochen, wenn der Kultur eines Landes nicht die Flügel verliehen werden, die sie braucht, um sich selbst zu überfliegen, was wiederum den anderen Kulturen zum Nutzen gereicht, mit denen sie zusammenlebt und eine bestimmte Epoche der Menschheit ausmacht.

Nun, da Katalonien bereits sein zweites Jahrtausend betreten hat und sein ganzes Vertrauen in die Fähigkeit und feste Entschlossenheit der Bürger seines Landes setzt, hat der derzeitige Präsident Kataloniens folgende Überlegungen zum Ausdruck gebracht: «Es gibt eine Zukunft, die in Gottes Hand liegt. Zu dieser haben weder ich noch sonst irgendwer Zutritt. Wir können lediglich darauf vertrauen. Aber es gibt eine Zukunft, die in unserer Hand liegt, von der ich nicht weiß, ob sie uns noch einmal tausend Jahre bescheren wird. Wohl aber wird sie, wenn wir es wollen, uns eine Möglichkeit bescheren, wie wir durch die Welt gehen können, eine Art schaffen, wie wir leben können, dazu beitragen, daß aus Katalonien ein würdiges Volk wird.»

VERSCHIEDENE INFORMATIONEN

Zur Ergänzung dieses Überblicks über dieses tausendjährige Land, nämlich Katalonien, bieten wir dem Leser eine
Zusammenstellung von Informationen über diverse Fel-
der, die Aufmerksamkeit und Interesse verdienen. Dadurch wird vielleicht die Reichweite dieses Buches größer, insbesondere bei denen, die sich dem Katalanischen
von anderen Breiten, anderen Sprachen oder anderen
Kulturen her nähern.

Bei der Vorstellung einiger informativer Aspekte
gibt es unweigerlich eine Auswahl, die in unserem vorliegenden Fall der Kürze und weiteren Kriterien ge-
horcht, die in den kurzen Vorspanntexten zu den eigent-
lichen Informationen dargelegt werden. Auslassungen
bedeuten demnach keineswegs Vergessen oder Geringschätzung. Andererseits wäre das Vorhaben umfassen-
der Information eher geeignet für eine ausschließlich
touristische Veröffentlichung, denn für ein Buch, das die
Identitätsmerkmale eines Volkes zu enthüllen sucht.

DIE AUTONOME VERWALTUNG: PARLAMENT KATALONIENS UND REGIERUNG

Parlament Kataloniens

Gemäß seinem Autonomiestatut hat Katalonien ein eigenes Parlament, ein Verfassungsorgan, das, wie in allen demokratischen Ländern, das Volk vertritt, die Tätigkeit der Regierung kontrolliert und die Legislativfunktion ausübt.

Parlament
Parc de la Ciutadella, s/n (Edifici del Parlament)
08003 Barcelona
Tel. (93) 304 65 00

Sindicatura de Comptes
Plaça de Catalunya, 20
08002 Barcelona
Tel. (93) 301 71 89

Síndic de Greuges
Josep Anselm Clavé, 31 (Palau del Marquès d'Alfarràs)
08002 Barcelona
Tel. (93) 301 80 75

Consell Consultiu de la Generalitat
Baixada de Sant Miquel, 6-8 (Palau Centelles-Solferino)
08002 Barcelona
Tel. (93) 317 62 68

Regierung

Gemäß seinem Autonomiestatut genießt Katalonien die eingeschränkte Vollmacht der Selbstregierung. So kam es zur Strukturierung in verschiedene Departaments (Ministerien), über die Verwaltungs- und Regierungsaufgaben wahrgenommen werden.

Departament de Presidència
Plaça de Sant Jaume, 4 (Palau de la Generalitat)
08002 Barcelona
Tel. (93) 402 46 00

Delegació del Govern de la Generalitat a Madrid
Montalbán, 9
28014 Madrid
Tel. (91) 532 33 23

Centre Cultural Blanquerna
Serrano, 1
28001 Madrid
Tel. (93) 431 00 22

Comissionat per a Actuacions Exteriors
Plaça de Sant Jaume, 4 (Palau de la Generalitat)
08002 Barcelona
Tel. (93) 402 46 00

Comissionat per a Universitats i Recerca
Via Laietana, 33
08003 Barcelona
Tel. (93) 310 22 63

Departament de Governació
Via Laietana, 69
08003 Barcelona
Tel. (93) 484 00 00

Departament d'Economia i Finances

Rambla de Catalunya, 19-21
08007 Barcelona
Te. (93) 302 50 20

Departament d'Ensenyament

Via Augusta, 202-226
08021 Barcelona
Tel. (93) 400 69 00

Departament de Cultura

Rambla de Santa Mònica, 8
08002 Barcelona
Tel. (93) 318 50 04

Departament de Sanitat i Seguretat Social

Travessera de les Corts, 131-159
08028 Barcelona
Tel. (93) 227 29 00

Departament de Política Territorial i Obres Públiques

Dr. Roux, 80
08017 Barcelona
Tel. (93) 205 13 13

Departament d'Agricultura, Ramaderia i Pesca

Gran Via de les Corts Catalanes, 612-614
08007 Barcelona
Tel. (93) 304 67 00

Departament de Treball

Sepúlveda, 148-150
08011 Barcelona
Tel. (93) 426 29 28

Departament de Justícia

Pau Claris, 81 (Casal Sant Jordi)
08010 Barcelona
Tel. (93) 301 50 37

Departament d'Indústria, Comerç i Turisme

Pg. de Gràcia, 105 (Torre Muñoz)
08008 Barcelona
Tel. (93) 484 95 00

Departament de Benestar Social

Plaça de Pau Vila, 1 (Palau del Mar)
08003 Barcelona
Tel. (93) 483 10 00

Departament de Medi Ambient

Av. Diagonal, 523-525
08029 Barcelona
Tel. (93) 419 30 85

VERWALTUNGSAUSSENSTELLEN DES GESAMTSTAATES

Dieser Bereich der Zentralverwaltung ist in Katalonien, wie in den übrigen Autonomen Gemeinschaften auch, in eine Reihe von Außenstellen gegliedert, die durch die Vertretung der Zentralregierung in Katalonien *(Delegació del Govern a Catalunya)* koordiniert werden.

Delegació del Govern a Catalunya
Mallorca, 278 (Palau Montaner)
08037 Barcelona
Tel. (93) 482 05 00

JUSTIZVERWALTUNG

Wie in den übrigen Autonomen Gemeinschaften des spanischen Staates ist die Justizverwaltung in Katalonien gegliedert in den Obersten Gerichtshof Kataloniens und die entsprechenden Gerichte auf Provinzebene.

Tribunal Superior de Justícia de Catalunya
Buenaventura Muñoz, 1
08018 Barcelona
Tel. (93) 309 91 23

Audiència Provincial de Barcelona
Buenaventura Muñoz, 1
08018 Barcelona
Tel. (93) 300 01 09

Audiència Provincial de Girona
Plaça de la Catedral, 2
17071 Girona
Tel. (972) 20 00 27

Audiència Provincial de Lleida
Rambla Ferran, 13
25071 Lleida
Tel. (973) 23 69 08

Audiència Provincial de Tarragona
Av. Lluís Companys, s/n
43005 Tarragona
Tel. (977) 21 51 50

MEDIEN

Hier listen wir, ohne Anspruch auf Vollständigkeit, die wichtigsten Kommunikationsmedien des Landes auf (Presse, Allgemeininformationszeitschiften, Radioanstalten, offizielle Veröffentlichungen), zu denen wir die an sie vebundenen professionellen Körperschaften hinzufügen.

Presse

Barcelona

Avui
(auf katalanisch)
Consell de Cent, 425
08009 Barcelona
Tel. (93) 265 00 00

La Vanguardia
(auf spanisch)
Pelai, 28
08001 Barcelona
Tel. (93) 301 54 54

El País (Ausgabe für Katalonien)
(auf spanisch)
Zona Franca. Sector B, carrer D
08040 Barcelona
Tel. (93) 401 05 00

El Periódico
(auf spanisch)
Consell de Cent, 425-427, 9è B
08009 Barcelona
Tel. (93) 265 53 53

El Mundo Catalunya

(auf spanisch)
Diputació, 119
08015 Barcelona
Tel. (93) 496 24 00

ECO

(auf spanisch)
Tallers, 66
08001 Barcelona
Tel. (93) 306 70 00

ABC Catalunya

(auf spanisch)
València, 84-86
08015 Barcelona
Tel. (93) 226 37 50

Diari de Sabadell

(zweisprachig)
Sant Quirze, 37-41, 1r
08201 Sabadell
Tel. (93) 726 11 00

El 9 nou

(auf katalanisch)
Plaça Francesc Macià, 4, entresol
08500 Vic
Tel. (93) 889 49 49

Diari de Terrassa

(zweisprachig)
Galileu, 347
08224 Terrassa
Tel. (93) 788 61 66

Regió 7
(auf katalanisch)
Sant Antoni M. Claret, 32
08240 Manresa
Tel. (93) 874 64 54

Girona

Diari de Girona
(auf katalanisch)
Comerç, s/n
17458 Fornells de la Selva
Tel. (972) 47 62 77

El Punt
(auf katalanisch)
Figuerola, 28
17001 Girona
Tel. (972) 18 64 00

Lleida

La Mañana
(auf spanisch)
Pol. Industrial El Segre, parcel·la 118
25191 Lleida
Tel. (973) 70 05 15

Segre
(auf spanisch)
Carrer del Riu, 6
25007 Lleida
Tel. (973) 24 80 00

Tarragona

Diari de Tarragona
(zweisprachig)
Domènec Guansé, 2
43005 Tarragona
Tel. (977) 29 97 00

Nou Diari Tarragona-Reus

(auf katalanisch)
Rambla Nova, 110
43001 Tarragona
Tel. (977) 21 42 00

Roser, 4
43201 Reus
Tel. (977) 34 33 33

Kulturell wertvolle Zeitschriften

El Temps

(auf katalanisch)
Casanova, 46, 4t 2a
08011 Barcelona
Tel. (93) 323 00 71

Serra d'Or

(auf katalanisch)
Ausiàs Marc, 92-98 int.C
08013 Barcelona
Tel. (93) 245 03 03

Revista de Catalunya

(auf katalanisch)
Còrsega, 423, pral.
08037 Barcelona
Tel. (93) 458 08 70

Catalunya Cristiana

(auf katalanisch)
Puiggarí, 5-7
08014 Barcelona
Tel. (93) 490 59 88

Presència Evangèlica

(auf katalanisch)
Santa Carolina, 10, 1r 3a
08025 Barcelona
Tel. (93) 455 86 34

Rundfunksender

Barcelona

Catalunya Ràdio
Diagonal, 614
08021 Barcelona
Tel. (93) 201 99 11

Ràdio Associació de Catalunya
Diagonal, 614
08021 Barcelona
Tel. (93) 201 99 11

Catalunya Música
Diagonal, 614
08021 Barcelona
Tel. (93) 201 99 11

Catalunya Informació
Diagonal, 614
08021 Barcelona
Tel. (93) 201 99 11

COM Ràdio
Gran Via Corts Catalanes, 643
08010 Barcelona
Tel. (93) 301 67 97

Antena 3 Barcelona
Pg. Gràcia, 96, 3r
08008 Barcelona
Tel. (93) 487 02 00

COPE-Anoia
Rambla Sant Isidre, 24
08700 Igualada
Tel. (93) 804 48 61

COPE-Barcelona
Diagonal, 297, entresol
08013 Barcelona
Tel. (93) 207 77 77

COPE-Maresme
Riera, 4, 1r
08301 Mataró
Tel. (93) 796 05 12

Barcelona, 65
08320 El Masnou
Tel. (93) 555 62 00

COPE-Manresa
Carretera de Vic, 10, entresol 3a
08240 Manresa
Tel. (93) 874 18 11

Ràdio Barcelona
Casp, 6
08010 Barcelona
Tel. (93) 317 22 78

Onda Cero
Rambles, 126, 1r
08002 Barcelona
Tel. (93) 318 08 70

Onda Rambla
Av. Diagonal, 441, 1r
08036 Barcelona
Tel. (93) 410 00 08

Ràdio Estel
Av. Diagonal, 460
08006 Barcelona
Tel. (93) 415 30 06

Cadena Ser Penedès-Garraf
Migdia, 31, 2n
08720 Vilafranca del Penedès
Tel. (93) 890 40 22

Ràdio Manresa
Plana de l'Om, 2
08240 Manresa
Tel. (93) 872 28 00

RM Ràdio
Cooperativa, 2
08302 Mataró
Tel. (93) 757 85 20

Ràdio Nacional d'Espanya
Pg. de Gràcia, 1, 4t
08007 Barcelona
Tel. (93) 302 16 16

Ràdio Sabadell
Convent, 22-24
08202 Sabadell
Tel. (93) 727 20 20

Radio Salud
Av. Diagonal, 460
08006 Barcelona
Tel. (93) 415 85 03

Ràdio Terrassa
Gutemberg, 3-13
08224 Terrassa
Tel. (93) 780 61 66

Flash FM
Colom, 114
08222 Terrassa
Tel. (93) 731 80 10

Ràdio Vic
Sant Antoni, 2
08500 Vic
Tel. (93) 886 37 31

Ràdio Rubí
Joaquim Blume, s/n
(Complex Cultural Escardívol)
08191 Rubí
Tel. (93) 588 59 60

Girona

Catalunya Ràdio-Girona
Carretera de Barcelona, 33, 4t
17001 Girona
Tel. (972) 21 51 14

RNE Girona
Av. Jaume I, 60, entresol
17001 Girona
Tel. (972) 20 38 25

Ràdio Girona
Plaça de Josep Pla, 23, entresol
17001 Girona
Tel. (972) 22 11 00

Ràdio Olot
Plaça del Mig, s/n
17800 Olot
Tel. (972) 26 17 50

Ràdio Pirineus
Pla de Fort, 2
17520 Puigcerdà
Tel. (972) 88 16 61

COPE-Figueres

Sant Llàtzer, 21
17600 Figueres
Tel. (972) 50 03 59

Lleida

Catalunya Ràdio-Lleida

Rambla d'Aragó, 43, 1r
25003 Lleida
Tel. (973) 26 09 99

Ràdio Lleida

Vila Antònia, 5
25007 Lleida
Tel. (973) 24 50 00

Ràdio Popular COPE-Lleida

Acadèmia, 17, 1r
25002 Lleida
Tel. (973) 27 23 99

Segre Ràdio

Vallcalent, 67
25006 Lleida
Tel. (973) 26 41 87

Tarragona

Catalunya Ràdio-Tarragona

Ramón y Cajal, 36, 3r
43001 Tarragona
Tel. (977) 21 99 33

Ser-Tarragona

Av. de Roma, 5 A, 2n 2a
43005 Tarragona
Tel. (977) 24 42 70

Onda Mediterráneo

Rambla Nova, 69, 4t
43003 Tarragona
Tel. (977) 24 42 42

Onda Cero Radio-Tortosa

Pg. Mestre Moreira, 10, 1r 2a
43500 Tortosa
Tel. (977) 51 00 00

Ràdio Reus

Pintor T. Bergadà, 3
43204 Reus
Tel. (977) 77 21 21

RNE Tarragona

Rambla Nova, 23
43003 Tarragona
Tel. (977) 23 66 51

Ràdio Valls

Plaça del Pati, 2
43800 Valls
Tel. (977) 61 28 88

COPE-Tarragona

Rambla Vella, 7B, 1r 3a
43003 Tarragona
Tel. (977) 22 33 43

COPE-Reus

Lloveras, 54
43201 Reus
Tel. (977) 31 68 73

Fernsehanstalten

•Öffentliche

TVE-Sant Cugat

Alcalde Bernils, s/n
Apartat de Correus, 300
08190 Sant Cugat del Vallès
Tel. (93) 582 30 30

Corporació Catalana de Ràdio i Televisió

Av. Diagonal, 477, 7è
08036 Barcelona
Tel. (93) 410 96 96

TV3

Carrer de la TV3, s/n
08970 Sant Joan Despí
Tel. (93) 499 33 33

Örtliche Vertretungen

Tarragona

Higini Anglès, 3, baixos
43001 Tarragona
Tel. (977) 23 02 31

Girona

Ronda Fort Roig, 20
17007 Montjuïc. Girona
Tel. (972) 22 02 26

Lleida

Humbert Torres, 13, baixos
25008 Lleida
Tel. (973) 23 30 29

Canal 33
Carrer de la TV3, s/n
08970 Sant Joan Despí
Tel. (93) 499 93 13

•Private

Antena 3
Amadeo Torner, 58
08902 L'Hospitalet de Llobregat
Tel. (93) 404 24 00

Amtsblätter

Diari Oficial de la Generalitat de Catalunya (DOGC)
Bisbe, 4-6
08002 Barcelona
Tel. (93) 412 10 14

Butlletí Oficial del Parlament de Catalunya (BOPC)
Parc de la Ciutadella, s/n (Edifici del Parlament)
08003 Barcelona
Tel. (93) 221 20 00

Butlletí Oficial de la Província de Barcelona (BOPB)
Almogàvers, 177
08018 Barcelona
Tel. (93) 309 91 58

Butlletí Oficial de la Província de Girona (BOPG)
Pujada de Sant Martí, 5
17004 Girona
Tel. (973) 20 57 00

Butlletí Oficial de la Província de Lleida (BOPL)
Carme, 26
25071 Lleida
Tel. (973) 24 92 00

Butlletí Oficial de la Província de Tarragona (BOPT)
Pg. Sant Antoni, 100
43003 Tarragona
Tel. (977) 23 33 13

Presseagenturen

Europa Press Catalunya
Av. Mistral, 8, entresol, 1a
08015 Barcelona
Tel. (93) 425 02 00

EFE Catalunya
Gran Via de les Corts Catalanes, 684, pral.
08010 Barcelona
Tel. (93) 484 38 00

Institutionen

Col·legi de Periodistes
Rambla de Catalunya, 10, pral.
08007 Barcelona
Tel. (93) 317 19 20

Centre Internacional de Premsa
Rambla de Catalunya, 10, pral.
08007 Barcelona
Tel. (93) 412 11 11

UNIVERSITÄTEN

Die katalanischen Universitäten nehmen eine sehr bedeutende Anzahl Studenten auf, nicht nur aus Katalonien, sondern auch aus anderen Teilen Spaniens und aus dem Ausland. In den Sommermonaten finden Kurse in verschiedenen Fachrichtungen für Ausländer staat.

Universitat de Barcelona
Gran Via de les Corts Catalanes, 585
08007 Barcelona
Tel. (93) 318 42 66

Universitat Autònoma de Barcelona
Campus Universitari, s/n
08193 Bellaterra
Tel. (93) 581 10 00

Universitat Politècnica de Catalunya
Av. Doctor Gregorio Marañón, 42
08028 Barcelona
Tel. 401 61 02

Universitat Pompeu Fabra
Plaça de la Mercè, 10-12
08002 Barcelona
Tel. (93) 542 20 00

Universitat Ramon Llull
Comte Salvatierra, 8, entresol 1a
08006 Barcelona
Tel. (93) 415 48 81

Universitat de Girona
Plaça de Sant Domènec, s/n
17071 Girona
Tel. (972) 41 80 46

Universitat de Lleida
Bisbe Messeguer, s/n
25003 Lleida
Tel. (973) 70 20 00

Universitat Rovira i Virgili
Plaça Imperial Tarraco, I
43003 Tarragona
Tel. (977) 22 52 54

Universitat Oberta de Catalunya
Av. Tibidabo, 39-43
08031 Barcelona
Tel. (93) 417 43 49

Gegenwärtig existieren sieben öffentliche Universitäten: die Universität von Barcelona (UB), die Autonome Universität von Barcelona (UAB), die Polytechnische Universität Kataloniens (UPC), die Universität Pompeu Fabra (UPF), die Universität von Girona (UdG), die Universität von Lleida (UdL) und die Universität Rovira i Virgili (URV) von Tarragona. Außerdem gibt es eine private Universität, die Universität Ramon Llull (URL) in Barcelona. Zu den Genannten muß man die vor kurzem gegründete Offene Universität Kataloniens (UOC) hinzufügen, ein neues Universitätsmodell welchess all denjenigen Personen zugänglich ist, die sich nicht in das bisher gültige System der anderen Universitäten integrieren können.

Diese neun Universitäten nehmen an die 200.000 Studenten auf, nicht nur aus Katalonien, sondern auch aus anderen Teilen Spaniens und aus dem Ausland. Außerdem werdem in dem Sommermonaten Kurse in verschiedenen Fachrichtungen angeboten, vor allem für ausländische Studenten.

AUSKUNFTSDIENSTE

Wir listen hier Einrichtungen auf, bei denen verschiedene Auskünfte über die Tätigkeit der autonomen Regierung (Generalitat) Kataloniens zu erhalten sind, sowie über die Tätigkeit, die durch die Stadtverwaltung (Ajuntament) Barcelonas, einer Stadt mit knapp zwei Millionen Einwohnern und Hauptstadt des Landes, entfaltet wird.

Institut d'Estadística de Catalunya
Via Laietana, 58
08003 Barcelona
Tel. (93) 412 00 88

Oficina d'Informació Ciutadana de l'Ajuntament de Barcelona
Av. de les Drassanes, 6-8, 7è
08001 Barcelona
Tel. (93) 010

Oficina d'Informació de la Generalitat de Catalunya
Plaça d'Antoni López, 5
08002 Barcelona
Tel. (93) 315 13 13

Publicacions de la Generalitat de Catalunya
Llibreria de la Generalitat
Rambla dels Estudis, 118
08002 Barcelona
Tel. (93) 302 64 62

Telèfon lingüístic
Consorci per a la Normalització Lingüística
Pau Claris, 162, 1r
08037 Barcelona
Tel. (93) 482 02 00
   (93) 482 02 02

Servei d'Informació Cultural
Rambla de Santa Mònica, 14
08002 Barcelona
Tel. (93) 318 44 11

Consell Interuniversitari de Catalunya
Via Laietana, 33
08003 Barcelona
Tel. (93) 310 22 63

Xarxa de biblioteques i d'arxius històrics de la Generalitat
Tel. (93) 302 15 22

Xarxa de teatres públics de Catalunya
Tel. (93) 318 50 04

ORGANISATIONEN FÜR AUSWÄRTIGE BEZIEHUNGEN

In diesem Abschnitt werden Organisationen aufgelistet, die Auskünfte aus dem Bereich der Wirtschaft, der Kultur und des Handels erteilen können und die im allgemeinen nach außen wirken.

Beauftragter für Auswärtige Angelegenheiten
Departament de la Presidència
Generalitat de Catalunya
Plaça de Sant Jaume, 4
Tel. (93) 402 46 00

Sekretariat für Kulturelle Beziehungen
Departament de Cultura
Generalitat de Catalunya
Rambla de Santa Mònica, 8
08002 Barcelona
Tel. (93) 318 50 04

Konsortium für Fremdenverkehrsförderung Kataloniens
Departament d'Indústria, Comerç i Turisme
Generalitat de Catalunya
Pg. de Gràcia, 112
08008 Barcelona
Tel. (93) 415 16 17

Katalanisches Konsortium für Auswärtige Förderung der Katalanischen Kultur (COPEC)
Departament de Cultura
Generalitat de Catalunya
Ronda de la Universitat, 17
08007 Barcelona
Tel. (93) 318 98 61

Zentrum für Information und Entwicklung von Unternehmen (CIDEM)
Departament d'Indústria, Comerç i Turisme
Generalitat de Catalunya
Av. Diagonal, 403, 1r
08008 Barcelona
Tel. (93) 415 11 14

Konsortium für Unternehmensförderung Kataloniens (COPCA)
Departament d'Indústria, Comerç i Turisme
Generalitat de Catalunya
Pg. de Gràcia, 94
08008 Barcelona
Tel. (93) 484 96 00

Katalanisches Patronat Pro Europa
Departament de la Presidència
Generalitat de Catalunya
Bruc, 50, 2n
08010 Barcelona
Tel. (93) 318 26 26

Amtliche Handels-, Industrie- und Schiffahrtskammer Barcelona
Av. Diagonal, 452-454
08006 Barcelona
Tel. (93) 219 13 00

Amtliche Handels-, Industrie- und Schiffahrtskammer Girona
Gran Via de Jaume I, 46
17001 Girona
Tel. (972) 41 85 00

Amtliche Handels-, Industrie- und Schiffahrtskammer Lleida

Anselm Clavé, 2
25007 Lleida
Tel. (973) 23 61 61

Amtliche Handels-, Industrie- und Schiffahrtskammer Tarragona

Pau Casals, 17
43003 Tarragona
Tel. (977) 21 96 76

Katalanisches Institut für Iberoamerikanische Zusammenarbeit

Còrsega, 299, entresol
08008 Barcelona
Tel. (93) 238 06 61

GENERALKONSULATE

Hier folgt eine weitestgehend umfassende Liste der Konsulate diverser Länder auf katalanischem Boden.

Äquatorialguinea

Santaló, 10-12, 2n 1a
08021 Barcelona
Tel. (93) 414 05 13

Argentinien

Pg. de Gràcia, 11, esc.B, 2n 2a
08007 Barcelona
Tel. (93) 412 79 49

Australien

Gran Via de Carles III, 98, 9è
08028 Barcelona
Tel. (93) 330 94 96

Belgien

Diputació, 303, 1r
08009 Barcelona
Tel. (93) 487 81 40

Bolivien

Plaça de Francesc Macià, 8, 1r 1a
08029 Barcelona
Tel. (93) 322 65 12

Brasilien

Consell de Cent, 357, 1r
08007 Barcelona
Tel. (93) 488 22 88

Bundesrepublik Deutschland

Pg. de Gràcia, 111, 11è
08008 Barcelona
Tel. (93) 415 36 96

Chile
Gran Via de les Corts Catalanes, 591, 3r
08007 Barcelona
Tel. (93) 318 85 86

China
Travessera de Gràcia, 342, àtic
08025 Barcelona
Tel. (93) 455 60 60

Costa Rica
Rambla del Estudis, 130, 2n
08002 Barcelona
Tel. (93) 318 05 17

Dänemark
Comte d'Urgell, 240-250, 8è B
08036 Barcelona
Tel. (93) 419 04 28

Dominikanische Republik
Paris, 211, 5è
08008 Barcelona
Tel. (93) 237 92 13

Elfenbeinküste
Puig Xoriguer, 7, baixos
08004 Barcelona
Tel. (93) 329 69 16

El Salvador
Muntaner, 260, 3r 2a
08021 Barcelona
Tel. (93) 209 36 58

Ecuador
Ptge. Josep Llovera, 3, 1r1a
08021 Barcelona
Tel. (93) 209 57 31

Finnland

Av. Diagonal, 613, 8è
08028 Barcelona
Tel. (93) 419 77 00

Frankreich

Pg. de Gràcia, 11, esc. B, 1r
08007 Barcelona
Tel. (93) 317 81 50

Gabun

Rosselló, 257, 4t A
08008 Barcelona
Tel. (93) 416 06 61

Gambia

Via Laietana, 36, pral. 3a
08003 Barcelona
Tel. (93) 268 31 61

Griechenland

Diputació, 256 bis, 6è 1a
08007 Barcelona
Tel. (93) 412 52 11

Guatemala

Gran Via de Carles III, 94, 5è
08028 Barcelona
Tel. (93) 330 65 59

Honduras

Via Augusta, 59, 4t, despatx 404
08006 Barcelona
Tel. (93) 416 10 09

Indien

Teodor Roviralta, 21-23
08022 Barcelona
Tel. (93) 212 04 22

Indonesien
Pintor Fortuny, 3, sobreàtic C
08001 Barcelona
Tel. (93) 317 75 31

Irland
Gran Via de Carles III, 94, 10è 2a
08028 Barcelona
Tel. (93) 330 96 52

Island
Sardenya, 229, sobreàtic 3a
08013 Barcelona
Tel. (93) 232 58 10

Italien
Mallorca, 270, pral. 1a
08037 Barcelona
Tel. (93) 488 02 70

Japan
Av. Diagonal, 662-664, 3r
08034 Barcelona
Tel. (93) 280 34 33

Jordanien
Aragó, 174, 10è 4a
08011 Barcelona
Tel. (93) 454 48 50

Kanada
Via Augusta, 125, àtic
08006 Barcelona
Tel. (93) 209 06 34

Kolumbien
Pg. de Gràcia, 2, 4t 6a
08007 Barcelona
Tel. (93) 412 78 28

Kuba

Pg. de Gràcia, 34, 2n 1a
08007 Barcelona
Tel. (93) 487 86 61

Liberia

Av. República Argentina, 91-93
08023 Barcelona
Tel. (93) 213 81 50

Luxemburg

Tuset, 8-10, esc. D, 8è 4a
08006 Barcelona
Tel. (93) 237 37 01

Madagaskar

Av. Diagonal, 432, baixos
08037 Barcelona
Tel. (93) 217 94 65

Malaisia

P. de Colom, 11, 3r
08002 Barcelona
Tel. (93) 315 00 11

Marokko

Rambla de Catalunya, 78, 1r 1a
08008 Barcelona
Tel. (93) 215 34 70

Mexiko

Av. Diagonal, 626, 4t
08021 Barcelona
Tel. (93) 201 18 22

Monaco

Via Augusta, 158, 3r 1a
08006 Barcelona
Tel. (93) 209 75 88

Nepal

Mallorca, 194, pral., 1a
08036 Barcelona
Tel. (93) 451 12 21

Neuseeland

Travessera de Gràcia, 64, 2n 2a
08006 Barcelona
Tel. (93) 209 03 99

Niederlande

Av. Diagonal, 601, 4t
08024 Barcelona
Tel. (93) 410 62 10

Norwegen

Provença, 284, 4t D
08008 Barcelona
Tel. (93) 215 00 94

Österreich

Balmes, 200, àtic 7è
08006 Barcelona
Tel. (93) 217 60 58

Pakistan

Còrsega, 366, àtic
08037 Barcelona
Tel. (93) 457 42 30

Panama

Pg. de Gràcia, 20, 4t 1a
08007 Barcelona
Tel. (93) 302 00 73

Paraguay

Av. Pau Casals, 9, 5è
08021 Barcelona
Tel. (93) 414 76 21

Peru

Av. Diagonal, 441, 5è
08036 Barcelona
Tel. (93) 410 38 33

Philippinen

Trafalgar, 4, 3r A
08034 Barcelona
Tel. (93) 204 02 46

Portugal

Ronda de Sant Pere, 7, 1r 1a
08010 Barcelona
Tel. (93) 318 81 50

Republik Bangla Desh

Mallorca, 192, 1r
08036 Barcelona
Tel. (93) 453 44 02

Republik Korea

Pau Claris, 166, baixos
08037 Barcelona
Tel. (93) 215 91 38

Schweden

Mallorca, 279, 4t 3a
08037 Barcelona
Tel. (93) 488 25 01

Schweiz

Gran Via de Carles III, 94, 7è
08028 Barcelona
Tel. (93) 330 92 11

RSD Sri Lanka

Mallorca, 192, 2n
08036 Barcelona
Tel. (93) 453 44 02

Senegal

Balmes, 185, 6è 1a
08006 Barcelona
Tel. (93) 200 97 22

Seychellen

Sabino Arana, 27
08028 Barcelona
Tel. (93) 490 37 37

Singapur

Rosselló, 257, 4t B
08008 Barcelona
Tel. (93) 237 84 01

Thailand

Av. Diagonal, 339 bis, 4t 1a
08037 Barcelona
Tel. (93) 458 14 51

Togo

Muntaner, 292, 3r 2a
08021 Barcelona
Tel. (93) 209 73 44

Tunesien

Diputació, 400, 1r 4a
08013 Barcelona
Tel. (93) 231 53 79

Türkei

Ausiàs Marc, 17, 10 è
08010 Barcelona
Tel. (93) 318 72 08

Tschad

Tuset, 5, 5è
08006 Barcelona
Tel. (93) 200 66 99

Ungarn
Av. Diagonal, 477, 19 è A
08036 Barcelona
Tel. (93) 405 19 50

Uruguay
Trafalgar, 4, 8è
08010 Barcelona
Tel. (93) 268 31 66

Venezuela
Provença, 278, 3r 2a
08008 Barcelona
Tel. (93) 488 20 12

Vereinigtes Königreich
Av. Diagonal, 477, 13è
08036 Barcelona
Tel. (93) 419 90 44

Vereinigte Staaten von Amerika
Pg. Reina Elisenda, 23
08034 Barcelona
Tel. (93) 280 22 27

KULTURELLE EINRICHTUNGEN ANDERER LÄNDER

Wir listen hier einige der in Katalonien ansässigen ausländischen Einrichtungen auf, die in einigen Fällen seit sehr langer Zeit hier tätig sind und eine sehr wertvolle Präsenz für unser Land sowie eine Plattform für kulturelle Kontakte darstellen. Daneben sind hier auch einige gemischte Einrichtungen zu finden, die als Plattform für die Beziehungen zu anderen Ländern wirken.

Associació de Relacions Culturals Catalunya-Israel
Diputació, 237
08007 Barcelona
Tel. (93) 487 64 10

British Institute
Amigó, 83
08021 Barcelona
Tel. (93) 209 63 88

Cercle d'Agermanament Occitano-català
Bonavista, 10, pral. 1a
08012 Barcelona
Tel. (93) 217 74 48

Deutsches Kulturinstitut
Gran Via de les Corts Catalanes, 591, 3r
08007 Barcelona
Tel. (93) 317 38 86

Institut Français
Moià, 8
08006 Barcelona
Tel. (93) 209 27 11

Institute of North American Studies
Via Augusta, 123
08006 Barcelona
Tel. (93) 209 27 11

Istituto Italiano di Cultura
Passatge Méndez Vigo, 5
08009 Barcelona
Tel. (93) 487 51 88

KULTURELLE UND AKADEMISCHE INSTITUTIONEN

Die Zahl der Körperschaften und Institutionen aller Art, die in Katalonien das sogenannte gesellschaftliche Gefüge bilden, geht in die Tausende. Wir listen hier eine Auswahl der bekanntesten in diversen Aspekten der Kultur auf.

Associació d'Editors en Llengua Catalana
València, 279, 1r
08009 Barcelona
Tel. (93) 215 50 91

Associació d'Escriptors en Llengua Catalana
Canuda, 6, 5è
Ateneu Barcelonès
08002 Barcelona
Tel. (93) 302 78 28

BCD Barcelona Centre de Disseny
Pg. de Gràcia, 90, 2n 2a
08008 Barcelona
Tel. (93) 487 87 38

Club d'Amics de la Unesco
Mallorca, 207, pral.
08036 Barcelona
Tel. (93) 453 95 07

Centre Excursionista de Catalunya
Paradís, 10, pral.
08002 Barcelona
Tel. (93) 315 23 11

Centre d'Història Contemporània de Catalunya

Departament de Cultura
Generalitat de Catalunya
Gran Via de les Corts Catalanes, 657 bis
08010 Barcelona
Tel. (93) 265 90 03

Centre Dramàtic de la Generalitat de Catalunya

Hospital, 51
08001 Barcelona
Tel. (93) 301 55 04

Centre Unesco de Catalunya

Mallorca, 285, principal, 2a
08037 Barcelona
Tel. (93) 207 17 16

Fundació Enciclopèdia Catalana

Diputació, 250
08007 Barcelona
Tel. (93) 302 71 18

Fundació Joan Miró

Parc de Montjuïc, s/n
08038 Barcelona
Tel. (93) 329 19 08

Institut del Teatre

Sant Pere més baix, 7
08003 Barcelona
Tel. (93) 268 20 78

Institut d'Estudis Catalans

Carme, 47
08001 Barcelona
Tel. (93) 318 54 07

Òmnium Cultural
Montcada, 20 (Palau Dalmases)
08003 Barcelona
Tel. (93) 319 80 50

Institució de les Lletres Catalanes
Departament de Cultura
Generalitat de Catalunya
Pg. de Gràcia, 41, 2n 1a
08007 Barcelona
Tel. (93) 488 08 00

Fundació Jaume Bofill
Provença, 324, 1r
08037 Barcelona
Tel. (93) 258 87 00

Centre Català Pen Club
Canuda, 6, 5è
08002 Barcelona
Tel. (93) 318 32 98

Fundació Antoni Tàpies
Aragó, 255
08007 Barcelona
Tel. (93) 487 03 15

Centre Cultural de la Caixa de Terrassa
Rambla d'Egara, 340
08221 Terrassa
Tel. (93) 780 41 22

Reial Acadèmia de Belles Arts de Sant Jordi
Pg. d'Isabel II, s/n (Llotja)
08003 Barcelona
Tel. (93) 319 24 32

Reial Acadèmia de Ciències i Arts

Rambla dels Estudis, 115
08002 Barcelona
Tel. (93) 317 05 36

Reial Acadèmia de Ciències Econòmiques i Financeres

Via Laietana, 32
08003 Barcelona
Tel. (93) 212 04 46

Reial Acadèmia de Doctors

Rambla de Catalunya, 41, pral.
08007 Barcelona
Tel. (93) 487 65 51

Reial Acadèmia de Jurisprudència i Legislació

Mallorca, 283
08037 Barcelona
Tel. (93) 215 46 12

Reial Acadèmia de les Bones Lletres

Bisbe Caçador, 3
08002 Barcelona
Tel. (93) 315 00 10

Reial Acadèmia de Medicina

Carme, 47
08001 Barcelona
Tel. (93) 317 16 86

MUSEEN

Die nachfolgende Liste enthält die bedeutendsten Museen, die es in Katalonien gibt.

MACB. Museu d'Art Contemporani de Barcelona
Casa de la Caritat
Plaça dels Àngels, 1
08001 Barcelona
Tel. (93) 412 08 10

Museu Arqueològic de Barcelona
Pg. de Santa Madrona, 39-41 (Parc de Montjuïc)
08038 Barcelona
Tel. (93) 423 56 01

Museu d'Història de Catalunya
Pl. de Pau Vila, 1 (Palau de Mar)
08003 Barcelona
Tel. (93) 225 47 00

Museu Arqueològic de Tarragona
Plaça del Rei, 5
43003 Tarragona
Tel. (977) 23 62 09

Museu d'Art de Girona
Palau Episcopal
Pujada de la Catedral, 12
17004 Girona
Tel. (972) 20 95 36

Museu d'Art Modern
Parc de la Ciutadella
08003 Barcelona
Tel. (93) 319 57 28

Museu d'Història de Tarragona

Cavallers, 14
43003 Tarragona
Tel. (977) 24 19 52

Museu de la Ciència

Teodor Roviralta, 55
08022 Barcelona
Tel. (93) 212 60 50

Museu de la Ciència i de la Tècnica de Catalunya

Rambla d'Egara, 270
08221 Terrassa
Tel. (93) 780 67 55

Museu Diocesà i Comarcal de Solsona

Palau Episcopal
Plaça del Palau, 1
25280 Solsona
Tel. (973) 48 21 01

Museu Molí Paperer de Capellades

Pau Casals, 10
08786 Capellades
Tel. (93) 801 28 50

Museu Monogràfic de les Excavacions

Acròpolis del Puig de Sant Andreu
17133 Ullastret
Tel. (972) 75 73 92

Museu Nacional d'Art de Catalunya (MNAC)

Palau Nacional. Parc de Montjuïc
08038 Barcelona
Tel. (93) 423 71 99

Museu Picasso
Montcada, 15-17
08003 Barcelona
Tel. (93) 319 69 02

Teatre-Museu Dalí
Plaça de Salvador Dalí i Gala, s/n
17600 Figueres
Tel. (972) 51 19 76

Museu i Ruïnes d'Empúries
Carrer del Museu, s/n
17310 L'Escala-Sant Martí d'Empúries
Tel. (972) 77 04 22

Museu Marés
Pl. de Sant Iu, 5-6
08002 Barcelona
Tel. (93) 319 41 16

Museu Diocesà de Barcelona
Pla de la Seu, 7 (Pia Almoina)
08002 Barcelona
Tel. (93) 315 22 13

Museu d'Història de la Ciutat
Pl. del Rei, s/n
08002 Barcelona
Tel. (93) 315 11 11

Museu Episcopal de Vic
Pl. del Bisbe Oliba, 3
08500 Vic
Tel. (93) 886 22 14

Museu Diocesà de Lleida
Carrer del Bisbe, 1
25002 Lleida
Tel. (973) 26 86 28

Museu Diocesà de Tarragona

Claustre, s/n
43003 Tarragona
Tel. (977) 23 86 85

ARCHIVE

In Katalonien gibt es etwa 150 öffentliche (stattliche, autonome, kommunale, kirchliche) und private Archive. Die nachstehende Auswahl erfaßt die bedeutendsten.

Arxiu de la Corona d'Aragó
Almogàvers, 77
08018 Barcelona
Tel. (93) 485 42 85

Arxiu Històric de Girona
Plaça de Sant Josep, 1
17004 Girona
Tel. (972) 21 80 12

Arxiu Històric de Lleida
Plaça de Sant Antoni M. Claret, 5
25002 Lleida
Tel. (973) 27 08 67

Arxiu Històric de Tarragona
Rambla Vella, 30
43003 Tarragona
Tel. (977) 23 84 14

Arxiu Nacional de Catalunya
Jaume I, 37-51
08190 Sant Cugat del Vallès
Tel. (93) 589 77 88

Arxiu del Parlament de Catalunya
Parc de la Ciutadella, s/n
08003 Barcelona
Tel. (93) 221 20 00

Institut Municipal d'Història de Barcelona
Santa Llúcia, 1
08002 Barcelona
Tel. (93) 318 11 95

BIBLIOTHEKEN

Über das gesamte Territorium Kataloniens verteilt gibt es rund 875. Die meisten sind öffentlich-rechtlich. Nachstehend haben wir einige ausgewählt, die besonders bedeutend sind wegen der großen Bestände oder wegen ihrer Spezialisierung.

Biblioteca Nacional de Catalunya
Carme, 47
08001 Barcelona
Tel. (93) 317 07 78

Biblioteca del Parlament de Catalunya
Parc de la Ciutadella
08003 Barcelona
Tel. (93) 221 20 00

Biblioteca "Bergnes de las Casas"
Gran Via, 657 bis
08010 Barcelona
Tel. (93) 265 90 03

Biblioteca Centre Borja
Passeig Vinyet, s/n
08190 Sant Cugat del Vallès
Tel. (93) 589 28 09

Biblioteca de l'Abadia de Montserrat
08699 Montserrat
Tel. (93) 835 02 51

Biblioteca de l'Ateneu Barcelonès
Canuda, 6
08002 Barcelona
Tel. (93) 318 86 34

Biblioteca de la Universitat de Barcelona
Gran Via de les Corts Catalanes, 585
08007 Barcelona
Tel. (93) 318 42 66

Universitat Autònoma de Barcelona
Servei de biblioteques. Direcció.
Campus universitari, s/n
08193 Bellaterra
Tel. (93) 581 10 15

Biblioteca Pública de Girona
Plaça de l'Hospital, 6
17001 Girona
Tel. (972) 20 22 52

Biblioteca Pública de Lleida
Plaça Sant Antoni M. Claret, 5
25002 Lleida
Tel. (973) 26 75 51

Biblioteca Pública de Tarragona
Fortuny, 30
43001 Tarragona
Tel. (977) 24 03 31

Biblioteca del Centre de Lectura de Reus
Major, 15
43201 Reus
Tel (977) 77 31 12

Biblioteca de l'Il·lustre Col·legi d'Advocats
Mallorca, 283
08032 Barcelona
Tel. (93) 487 28 14

Biblioteca de l'Institut Municipal d'Història

Santa Llúcia, 1
08002 Barcelona
Tel. (93) 318 11 95

Biblioteca-Museu Balaguer

Av. de Víctor Balaguer, s/n
08800 Vilanova i la Geltrú
Tel. (93) 815 42 02

Biblioteca Pública Arús

Passeig de Sant Joan, 26
08010 Barcelona
Tel. (93) 232 54 04

Hemeroteca Nacional de Catalunya

Villarroel, 91
08011 Barcelona
Tel. (93) 451 75 55

TOURISTISCHE INFORMATION

Nahezu alle Ortschaften an der katalanischen Küste bieten ihren ausländischen Besuchern Auskünfte über Interessantes am Ort oder im Landkreis. Globalere Informationen über das Land sind bei den nachfolgend aufgelisteten Tourismus-Informationsbüros in den vier Provinzhauptstädten erhältlich.

Barcelona

Oficina de Turisme de la Generalitat de Catalunya
Gran Via de les Corts Catalanes, 658
08010 Barcelona
Tel. (93) 301 74 43

Patronat de Turisme de Barcelona
Tarragona, 149-157
08015 Barcelona
Tel. (93) 423 18 00

Oficina de Turisme de l'Estació de Sants
Estació de Sants
Plaça dels Països Catalans, s/n
08014 Barcelona
Tel. (93) 491 44 31

Oficina de Turisme de la Generalitat de Catalunya
Aeroport de Barcelona
08820 El Prat de Llobregat
Tel. (93) 478 47 04

Tarragona

Oficina Municipal de Turisme de Tarragona
Major, 39
43003 Tarragona
Tel. (977) 24 55 07

Oficina de Turisme de la Generalitat de Catalunya

Fortuny, 4
43001 Tarragona
Tel. (977) 23 34 15

Lleida

Oficina de Turisme de la Generalitat de Catalunya

Pl. d'Espanya, 1
25002 Lleida
Tel. (973) 27 09 07

Girona

Oficina Municipal de Turisme de Girona

Estació Renfe
Plaça d'Espanya, s/n
17007 Girona
Tel. (972) 21 62 96

Oficina de Turisme de la Generalitat de Catalunya

Rambla de la Llibertat, 1
17004 Girona
Tel. (972) 22 65 75

Oficina de Turisme de la Generalitat de Catalunya

Autopista A-7. Àrea de la Porta Catalana
17700 La Jonquera
Tel. (972) 55 46 42

INTERNATIONALE MESSEN

Die Jahre 1888 und 1929 stellen zwei bedeutende Meilensteine auf dem Gebiet der internationalen Messen in Barcelona dar. Heute gibt es in dieser Stadt zahlreiche internationale Ausstellungen, und wir ergänzen diese noch durch weitere, die an verschiedenen Orten Kataloniens stattfinden.

Pielespaña
Internationaler Salon für Mode in Wildleder, Nappa und Fell
Barcelona, Januar

Hispack
Internationaler Salon für Verpackung
Barcelona, Februar

Gaudí Barcelona
Internationaler Salon für Prêt-à-porter und Accessoires für Herren und Damen. Herbst-Winter 1995-1996
Barcelona, Februar

Sport
Internationaler Sport-Salon
Barcelona, Februar

Saló d'Antiquaris a Barcelona
Antiquitätenmesse
Barcelona, März

Mostra de maquinària per a la confecció
Salon für konfektionsmaschinerie
Barcelona, März

Ambientàlia
Umwelt-Salon
Reus, März

Mostra de teixits
Salon für Stoffe
Barcelona, März

Construmat
Internationaler Bau-Salon
Barcelona, April

Exposalut
Gesundheistmesse
Barcelona, April

SITC
Salon für Fremdenverkehr in Katalonien
Barcelona, April

Saló Internacional de l'Automòbil
Internationale Auto-Salon
Barcelona, Mai

Expohogar
Internationaler Salon für Geschenk- und Haushaltsartikel
Barcelona, September

Informat
Internationaler Informatik-Salon
Barcelona, September

Gaudí Barcelona
Internationaler Salon für Prêt-à-porter und Accessoires für
Herren und Damen. Frühjahr-Sommer 1996
Barcelona, September

Fira Agrària de Sant Miquel
Agrar-Salon von Sant Miquel
Lleida, September-Oktober

Eurofruit
Internationaler Salon für Obst
Lleida, September-Oktober

Equus Catalònia
Salon für Pferde und Ponys
Girona, September-Oktober

Barnajoia
Internationaler Salon für Juwelier-, Uhrmacher,
Silberschmiedehandwerk, Maschinen und Zubehör
Barcelona, September-Oktober

Liber
Internationaler Buch-Salon
Barcelona, Oktober

Sonimagfoto
Internationaler Photo-Salon
Barcelona, Oktober

Mostra de Teixits
Salon für Stoffe
Barcelona, Oktober

Municipàlia
Internationaler Salon für Kommunale Einrichtungen
Lleida, Oktober

Expoaviga
Internationaler Salon für Geflügel- und Viehzucht-Technik
Barcelona, Oktober

Sizoo
Salon für Zootechnik
Barcelona, November

Nivàlia
Schneefreizeit
Barcelona, November

Saló de la Piscina
Schwimmbad-Salon
Barcelona, November

Saló Nàutic Internacional
Internationaler Wassersport-Salon
Barcelona, Dezember

THEATER UND SCHAUSPIELHÄUSER

Die verschiedenartigsten Stücke, ob klassisch oder modern, aus der Musik, dem Theater oder der Tanzkunst werden in den nachfolgend aufgeführten Häusern zur Aufführung gebracht. Einige davon sind dank ihrer architektonischen Qualität oder dem Stil ihrer Dekoration Baudenkmäler.

Centre Dramàtic de la Generalitat
Teatre Romea
Hospital, 51
08001 Barcelona
Tel. (93) 301 55 04

Gran Teatre del Liceu
Rambla dels Caputxins, 65
08002 Barcelona
Tel. (93) 412 35 32

Teatre de la Passió d'Olesa
Anselm Clavé, 83
08640 Olesa de Montserrat
Tel. (93) 778 10 09

Teatre Fortuny
Plaça de Prim, 4
43201 Reus
Tel. (977) 31 50 59

Teatre Mercat de les Flors
Lleida, 59
08004 Barcelona
Tel. (93) 426 18 75

Teatre Municipal de Girona

Plaça del Vi, I
17004 Girona
Tel. (972) 41 90 19

Teatre Poliorama

Rambla dels Estudis, 115
08002 Barcelona
Tel. (93) 317 75 99

Palau de la Música Catalana

Sant Francesc de Paula, 2
08003 Barcelona
Tel. (93) 268 10 00

Teatre Lliure

Montseny, 47
08012 Barcelona
Tel. (93) 218 92 51

L'Espai de Dansa i Música de la Generalitat de Catalunya

Travessera de Gràcia, 63
08006 Barcelona
Tel. (93) 414 31 33

Teatre Auditori Centre Cultural Sant Cugat del Vallès

Plaça Centre Cultural, s/n
08190 Sant Cugat del Vallès
Tel. (93) 589 22 88

Filmoteca de Catalunya

Av. de Sarrià, 31-33
08029 Barcelona
Tel. (93) 410 75 90

KATALONIENHÄUSER

Weltweit gibt es über einhundert Katalonienhäuser, *Casals catalans*. Aus Platzgründen können wir hier nur eine repräsentative Auswahl vorstellen. Weitere Auskünfte erteilt: Departament de la Presidència, Generalitat de Catalunya, (Plaça de Sant Jaume, 08002 Barcelona), Tel. 34/3/4024600.

Amerika

Nordamerika

Casal dels Països Catalans
P. O. Box 6660 Postal Station A
Toronto, Ontario M5W 1X5
Canadà
Tel. 1.905.2741790 / Fax 1.905.2717776

Casal dels Catalans de Califòrnia
P. O. Box 91142
Los Angeles, Ca 90009
Estats Units d'Amèrica
Tel. 1.714.5575192

Fundació Paulí Bellet
(Associació dels Catalans de l'Àrea de Washington)
6268 Clearwood Rd.
Bethesda, MD 20817
Estats Units d'Amèrica
Tel. 1.301.2294649 / Fax 1.301.2292749

Orfeó Català de Mèxic, A. C.
Marsella, 45
Colonia Juárez
Delegación Cuauhtemoc
06600 México D. F.
Mèxic
Tel. 52.5.5250925 / Tel. i fax 52.5.2075114

Mittelamerika

Casal Català
Apartado 3861
San José 1000
Costa Rica
Tel. 506. 2830437 / Fax 506.2830437

Societat de Beneficiència de Naturals de Catalunya
Consulado 68, altos (e/Refugio y Genios)
Centro Habana
C. P. 10200 La Habana
Cuba
Tel. 537.637589 / Fax 537.669274

Casal Català
Apartado postal 1006
01001 Guatemala, C. A.
Guatemala
Tel. 502.3690509 / Fax 502.3658506

Südamerika

Casal de Catalunya
Chacabuco, 863
1069 Buenos Aires
Argentina
Tel. 54.1.3004141 / 3000359 / Fax 54.1.3001023

Casal Català
Urquiza, 1612
5000 Córdoba
Argentina
Tel. i fax 54.51.74 01 92

Agrupació Cultural Catalana
Santiago del Estero, 460
5500 Mendoza
Argentina
Tel. i fax 54.61.30 24 12

Centre Català
Entre Ríos, 761
2000 Rosario
Argentina
Tel. i fax 54.41.25 52 98

Catalònia
Rua Alves Guimarâes, 266
Jardim América
05410-000 Sâo Paulo
Brasil
Tel. i fax 55.11.852 36 04

Centre Català
Cerro Corá, 276
Asunción
Paraguai
Tel. 595.21.44 73 06

Casal Català
Francisco Araucho, 1186
Montevideo 11300
Uruguai
Tel. i fax 598.2.79 90 22

Centre Català
Tercera Avenida
Los Palos Grandes (entre 10 y 11)
Final Av. Dr. August Pi Sunyer
Caracas
Veneçuela
Tel. 58.2.283 98 97 / Tel. i fax 58.2.283 76 35

Centre Català

Casilla de Correos 2278
Santiago de Chile
Xile
Tel. 56.2.232 26 99 / Fax 56.2.231 68 70

Europa

Casal Català

B. P. 8 - Etterbeek 2
1040 Bruxelles
Bèlgica
Tel. 32.2.295 17 61 / Fax 32.2.299 38 91

Cercle Català

Plaza de España, 6 (Edificio Catalunya)
28008 Madrid
Espanya
Tel. (91) 541 60 90 / Fax (91) 559 71 82

Cercle Català

89, rue Jean de Bernardy
13001 Marsella
França
Tel. 33.91.62 16 32 / Fax 33.91.95 72 26

Casal Català de Tolosa de Llenguadoc

7, rue des Novarts
31300 Toulouse
França
Tel. 33.561.59 61 02 / Fax 33.561.74 97 26

Associació Catalans a Roma
Adreça postal:
Sr. Josep M. Benítez
President
Piazza della Pillota, 4
00187 Roma
Itàlia
Tel. 39.6.6787787 / Fax 39.6.69941562

Centre Català
24, Avenue Victor Hugo
L-1750 Luxembourg
Luxemburg
Tel. 352.22 06 78

Les Quatre Barres
Associació Cultural Catalana als Països Nòrdics
Box 239
101 24 Stockholm
Suècia
Tel. i fax 46.8.53177981

Casa Nostra de Suïssa
Postfach 625
8304 Wallisellen
Suïssa
Tel. i fax 41.1.984 30 38

Ozeanien

Casal Català de Victòria Inc.
247-251 Flinders Lane
Melbourne 3000
Victoria
Tel. 61.3.96503989 / Fax 61.3.96503689

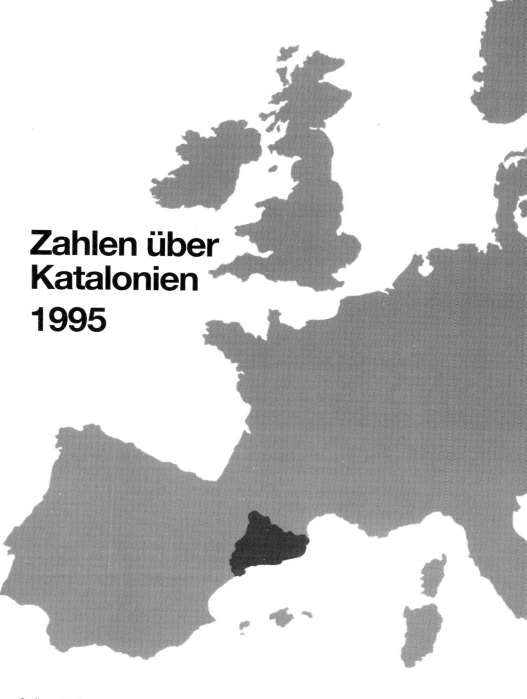

Zahlen über Katalonien 1995

Quellennachweis
l'Institut d'Estadística de Catalunya
Generalitat de Catalunya

GRUND UND BODEN

	Katalonien/93	Spanien/93	EU/93 [*]
Fläche (1000 km²)	32	505	2 369
Kulturlandschaft (%)	30,8	39,8	34,6
Wiesen und Weiden (%)	9,4	11,6	19,4
Waldflächen (%)	42,5	31,5	25,7
Flüsse und Seen (%)	0,8	1,1	1,6
andere (%)	16,5	16,0	18,7

[*] Europäische Union

BEVÖLKERUNG

	Katalonien/93	Spanien/93	EU/93
Dichte (Einw./Km²)	191	77	148
Einwohner (1000)	6 097	39 083	348 619
Männer (%)	48,9	49,0	48,7
Frauen (%)	51,1	51,0	51,3
Struktur			
unter 20 Jahren (%)	24,0	25,9	25,1 [3]
20 bis 39 Jahre (%)	30,8	31,4	30,6 [3]
40 bis 59 Jahre (%)	24,1	22,8	24,4 [3]
60 bis 79 Jahre (%)	17,6	16,7	16,4 [3]
ab 80 Jahren (%)	3,4	3,2	3,5 [3]
Durchschnittsalter der Bevölkerung	38,6	36,9 [2]	38,0 [3]
Bevölkerungswachstum (‰)	0,4	1,4	3,7
Migrationswachstum (‰)	-0,1	0,1	2,8
vegetatives Wachstum (‰)	0,5	1,3	1,0
Geburtenrate (‰)	9,1	9,9	11,1
Durchschnittliche Kinderzahl pro Frau	1,2	1,2	1,4
Sterberate (‰)	8,6	8,7	10,1
Kindersterblichkeit (‰)	6,2 [1]	7,6	6,7
Eheschließungen (‰)	4,9	5,2	5,3
Scheidungen (‰)	1,1	0,7	1,6 [1]
Lebenserwartung			
Männer	74,0 [1]	73,3 [2]	72,9 [2]
Frauen	81,4 [1]	80,5 [2]	79,5 [2]

[1] 1992
[2] 1991
[3] 1990

BEVÖLKERUNGSSTRUKTUR. 1993

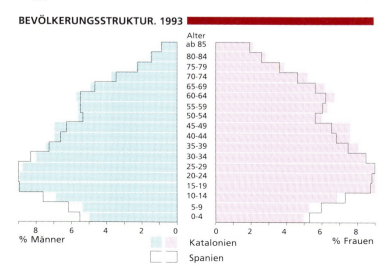

Alter
ab 85 / 80-84 / 75-79 / 70-74 / 65-69 / 60-64 / 55-59 / 50-54 / 45-49 / 40-44 / 35-39 / 30-34 / 25-29 / 20-24 / 15-19 / 10-14 / 5-9 / 0-4

8 6 4 2 0
% Männer

0 2 4 6 8
% Frauen

Katalonien
Spanien

MAKROGRÖSSENORDNUNGEN

	Katalonien/93	Spanien/93	EU/93
Bruttoinlandsprodukt m.p. (1000 Mrd. PTA)	11 441,2	60 881,1	815 954,8
Bruttoinlandsprodukt pro Einwohner (1000 PTA)	1 866	1 555	2 341
Bruttowertschöpfung m.p. (1000 Mrd. PTA)	10 788,4	57 407,3	627 619,0[1]
Landwirtschaft (%)	1,5	3,7	2,7 [1]
Industrie (%)	37,7	32,7	33,5 [1]
Dienstleistungen (%)	60,7	63,6	63,7 [1]

[1] 1991

BIB PRO EINWOHNER mit kaufkrattparitäten

%

(EU 12=100)

- Katalonien
- Spanien
- EU

VERBRAUCHSINDIKATOREN

	Katalonien/94	Spanien/94	EU/94
Anstieg der Verbraucherpreise jährlich (%)	5,2	4,7	3,2

	Katalonien/93	Spanien/93	% Kat./Span. 93
Kfz-Zulassungen (1000)	177	994	17,9
Pkw (%)	73,7	78,0	16,9
Lkw (%)	17,5	16,9	18,5
Motorräder (%)	8,8	5,1	30,8

	Katalonien/94	Spanien/94	% Kat./Span. 94
Zementverbrauch			
gesamt (1000 t)	3 164	24 038	13,2
pro Einwohner (kg)	522	618	

	Katalonien/93	Spanien/93	EU/93
Stromverbrauch (kwh/Einwohner)	4 637	4 051	5 742

	Katalonien/93	Spanien/93	EU/93
Primärenergie verbrauch (Mrd. PTA)	18	86	1 190
Kohle (%)	1,4	21,6	19,5
Erdöl und Erdölprodukte (%)	54,7	52,8	43,9
Erdgas (%)	10,5	6,6	20,5
Kernkraft (%)	26,4	16,2	14,3
Strom (%)	6,5	2,6	1,4
Abfall (%)	0,5	0,2	0,4

	Katalonien/93	Spanien/93	% Kat./Span. 93
Fertiggestellte Wohnungen	32 385	222 997	14,5
öffentlich gefördert (%)	3,3	6,5	7,3
geschützt (%)	8,3	17,1	7,0
frei (%)	88,4	76,4	16,8

	Katalonien/94	Spanien/94	EU/93
Aktive Bevölkerung (1000)	2 605	15 468	152 941 [2]
Beschäftigungsquote (%) [1]	52,3	49,0	55,1[3]
Männer (%))	64,9	63,3	67,8 [3]
Frauen (%)	40,6	35,6	43,4 [3]
Beschäftigte Bevölkerung (1000)	2 053	11 730	138 974 [2]
Landwirtschaft (%)	3,5	9,8	5,8 [2]
Industrie und Bauwirtschaft (%)	37,3	30,1	32,8 [2]
Dienstleistungen (%)	59,2	60,1	61,4 [2]
Arbeitslosenquote (%)	21,2	24,2	10,6
Männer (%)	17,3	19,8	9,2
Frauen (%)	27,0	31,4	12,2
unter 25 Jahren (%)	35,6	33,4	19,1

[1] Die Berechnung der Beschäftigungsquote Europas erfolgt auf der Grundlage der über 14jährigen. In Katalonien und Spanien auf der der 16jährigen und älteren.
[2] 1992
[3] 1991

BESCHÄFTIGUNGENTWICKLUNG NACH SEKTOREN

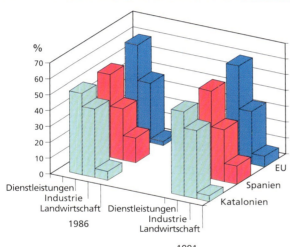

Landwirtschaft

	Katalonien/93	Spanien/93[1]	% Kat./Span. 93[1]
Landwirtschaftliche Produktion (1000 Tm.)	8 986	95 882	9,4
Getreide (%)	16,8	18,1	8,7
Futtermittel (%)	56,9	33,4	16,0
Obst (%)	10,2	8,3	11,4
Gemüse (%)	6,5	17,3	3,5
Wein (%)	4,9	4,6	10,0
Oliven (%)	1,1	3,0	3,4

	Katalonien/93	Spanien/93	EU/93
Vieh (1000)	7 093	50 154	299 453
Rinder (%)	7,2	10,0	26,3
Schafe und Ziegen (%)	19,0	54,3	37,0
Schweine (%)	73,8	35,7	36,7

[1] Provisorische Daten

Industrie

	Katalonien/91	Spanien/91	% Kat./Span. 91
Bruttomehrwert Industrie (Mrd. PTA)	3 043	11 653	26,1
Struktur BrMW			
Energie und Wasser (%)	13,8	18,7	19,9
Bodenschätze (%)	6,0	9,5	16,4
Chemie (%)	12,6	8,3	39,7
Maschinenbau (%)	26,6	28,6	24,3
Nahrungsmittel (%)	14,0	14,5	25,3
Leder und Textil (%)	12,3	6,3	50,7
Papier und Druck (%)	6,8	6,1	29,2
andere (%)	7,9	8,0	25,9

GELDMARKT

	Katalonien/94	Spanien/94	% Kat./Span. 94
Geschäftsstellen von Geldinstituten	6 752	35 591	19,0
Banken (%)	44,8	49,3	17,2
Sparkassen (%)	54,9	41,8	24,9
Kreditgenossenschaften (%)	0,3	8,9	0,6
Einlagen bei Geldinstituten (Mrd. PTA)	11 582	55 437	20,9
Banken (%)	32,4	46,9	14,4
Sparkassen (%)	66,9	48,3	29,0
Kreditgenossenschaften (%)	0,7	4,8	3,0

FREMDENVERKEHR

	Katalonien/93	Spanien/93	% Kat./Span. 93
Fremdenverkehrsbetriebe			
Beherbergungsbetriebe [1]	3 024	22 413	13,5
Hotelbetten (1000)	229	1 186	19,3
Campingplätze	327	1 039	31,5
Campingplatzangebot (1000)	250	602	41,5
Besucher (1000)	15 196	57 263	26,5
Flughäfen (%)	7,8	33,8	6,1
Landstraßen (%)	88,0	58,7	39,8
Bahn (%)	3,4	4,0	22,2
Häfen (%)	0,8	3,4	6,2

[1] Gasthäuser und Kosthäuser inbegriffen

AUSSENHANDEL

	Katalonien/93	Spanien/93	EU/93
Einfuhren (Mrd. PTA)	3 050,0	10 507	29,0
EU (%)	63,0	61,1	29,9
übriges Europa (%)	7,4	7,9	27,4
Nordamerika (%)	5,2	8,5	17,9
Mittel- und Südamerika (%)	3,5	3,1	32,4
Asien (%)	16,2	12,3	38,4
Afrika (%)	4,3	5,8	21,6
Ozeanien und andere (%)	0,4	1,3	6,8
Ausfuhren (Mrd. PTA)	1 909	8 042	23,7
EU (%)	67,0	68,5	23,2
übriges Europa (%)	9,4	7,5	29,8
Nordamerika (%)	4,3	7,1	14,4
Mittel- und Südamerika (%)	6,1	4,2	34,2
Asien (%)	7,8	7,1	26,3
Afrika (%)	4,9	4,9	23,7
Ozeanien und andere (%)	0,5	0,7	17,5

TRANSPORT UND VERKEHRSVERBINDUNGEN

	Katalonien/93	Spanien/93	% Kat./Span. 93
Mautpflichtige Autobahnen (km)	602	1 991	30,2
Autobahnen und Schnellstraßen insgesamt (km)	1 012	7 170	14,1
Landstraßen (km)	10 554	152 460	6,9
Eisenbahnen			
Reisende (1000)	105 878	446 610	23,7
Güter (1000 t)	7 636	23 790	32,1
Häfen			
Handelsschiffe	8 741	104 254	8,4
Bruttoregistertonnen (1000 t)	77 595	497 709	15,6
Güter (1000 t)	43 685	237 032	18,4
Flughäfen			
Flugzeuge	136 564	860 499	15,9
Passagiere (1000)	10 013	81 409	12,3

SCHULE UND BILDUNG

	Katalonien Schuljahr 1993/94	Spanien Schuljahr 1993/94[1]	EU Schuljahr 1990/91
Schüler gesamt	1 381 631	9 380 831	75 929 000
Vorschule (%)	15,2	11,8	:
Primar und sekundarstufe (%)	71,4	73,5	75,9
Hochschulen (%)	13,4	14,7	11,9

	Katalonien Schuljahr 1993/94	Spanien Schuljahr 1993/94	EU Schuljahr 1990/91
Universität immatrikulierte Studierende	185 459	1 377 553	9 051 000
Geisteswissenschaften (%)	12,9	9,3	18,7
Naturwissenschaften (%)	7,8	8,1	10,9
Heilberufe (%)	9,7	7,8	12,4
Gesellschaftswissenschaften (%)	44,5	53,8	35,0
Ingenieur- und Architekturwesen (%)	25,1	21,1	20,2
Schöne Künste (%)	-	-	2,7
% Mädchen	52 [2]	52 [2]	48

[1] Provisorische Daten
[2] 1992/93

GESUNDHEITSWESEN

	Katalonien/93	Spanien/93	EU/92
Betten pro 1000 Einwohner	5,1	4,2 [2]	:
Akutbetten pro 1000 Einwohner	3,3	3,3 [2]	:
Ärzte auf 1000 Einwohner	4,2	4,1	:
Zahnärzte auf 1000 Einwohner	0,3	0,3	:
Apotheker auf 1000 Einwohner	1,0	1,0	:
Kindersterblichkeitsrate pro 1000 Einwohner	6,2 [1]	7,6	6,8
Haupttodesursachen			
Kreislauf (%)	38,2	40,7 [2]	43,6 [3]
Tumore (bösartige Geschwulste) (%)	27,1	24,1 [2]	24,2 [3]
Verkehrsunfälle (%)	1,5	1,6	1,5 [3]

(1) 1991.
(2) 1990.
(3) 1986.

Generalitat. HAUSHALT 1995

Ausgaben (Mio. PTA)   1 620 613

Parlament (%)	0,2	Arbeit (%)	1,6
Staatskanzlei (%)	7,2	Justiz (%)	1,7
Inneres (%)	2,3	Industrie und Energie (%)	1,5
Wirtschaft und Finanzen (%)	0,3	Handel, Konsum	
Schule und Bildung (%)	17,8	und Fremdenverkehr (%)	0,5
Kultur (%)	1,5	Sozialwesen (%)	3,7
Gesundheitswesen		Umwelt (%)	1,3
und Sozialversicherung (%)	33,4	Schulden der	
Raumordnung (%)	7,3	öffentlichen Hand (%)	6,3
Landwirtschaft, Viehzucht		Örtliche Einrichtungen (%)	11,6
und Fischerei (%)	1,4	Sonstiges (%)	0,4

ENTWICKLUNG DER INDIKATOREN

	1970	1980	1994
Bevölkerungsdichte (Einw./km)	160	187 [5]	191 [2]
Gesamtbevölkerung (1000)	5 108	5 956 [5]	6 097 [2]
Bevölkerung unter 15 Jahren (%)	25,6	25,0 [5]	16,1 [2]
Bevölkerung 15 bis 64 Jahre (%)	64,5	64,1 [5]	68,7 [2]
Bevölkerung ab 65 Jahren (%)	9,9	11,0 [5]	15,2 [2]
Geburtenrate (‰)	19,8	13,4	9,1 [2]
Kindersterblichkeitsrate (‰)	20,3	11,3	6,2 [3]
Einwohner pro Arzt	658	398	232
Immatrikulierte Studierende an Universitäten (1000)	86 [7]	96 [6]	185 [1]
Aktive Bevölkerung (1000)	1 975	2 249	2 605
Beschäftigungsquote (%)	53,0	51,0	52,3
Beschäftigte Bevölkerung (1000)	1 874	1 940	2 053
geschätzte Arbeitslosenquote (%)	5,0	12,6	21,2
BIP (1000 Mrd. PTA)	..	2 880 [5]	11 441 [2]
BIP pro Einwohner (1000 PTA)	..	484 [5]	1 866 [2]
Wohnungen je 1000 Einwohner	319	412 [5]	455 [4]
Gesamtzementverbrauch (1000 t)	2 704	2 334	3 164
Stromverbrauch je Einwohner (kw/h)	1 637	2 905	4 637 [2]
Fahrzeuge je 1000 Einwohner	185	370	537
Fahrzeuge zugelassen (1000)	112	147	178 [2]
Telefonanschlüsse je 1000 Einwohner	201	274	451
Geschäftsstellen von Geldinstituten	1 329	4 391	6 752
Einlagen bei Geldinstituten (Mrd. PTA)	407	2 473	11 582
Besucher (1000)	8 340	11 830	16 237
Hotelbetten (1000)	129	168	230
Ausfuhren (Mrd. PTA)	33	344	1 909 [2]
Außenhandelsquote (Ausf.+Einf./BIP) (%)	:	34,8 [5]	43,3 [2]
Siedlungsabfälle (kg./Einw./tag)	:	:	1,3 [2]
Abwässerbehandlung (hm³)	:	:	399 [2]
Naturschutz gebiet (km²)	:	:	6 481

[1]	1993/94	[5]	1981
[2]	1993	[6]	1980/81
[3]	1992	[7]	1970/71
[4]	1991		

Quellennachweis:

Ministerien der Generalitat de Catalunya, Institut d'Estadística de Catalunya, Universitäten Kataloniens, Häfen von Barcelona und Tarragona, Instituto Nacional de Estadística, Ministerien, Telefónica, Banco de España, Eurostat.